シリーズ ケアをひらく

技法以前

べてるの家のつくりかた

向谷地生良

医学書院

はじめに　何をしてはいけないか

かつて浦河では、統合失調症などをもった人たちは〝七病棟の人〟と呼ばれた。この地域で暮らすなかでもっとも惨めなことは、浦河赤十字病院の精神科病棟（七病棟）に入ることといわれた時代である。浦河べてるの家（以下、べてる）のルーツは、そこに入院経験のある統合失調症などをもつ若者たちが今から三〇年以上も前にはじめた自助活動にある。

べてるでは、精神障害というエピソードに凝縮された「人間が生きること」をめぐる悲喜こもごもをユニークな側面から切り取り、活字と映像に託し世に発信してきた。いまや、べてるが直接・間接に制作にかかわった出版物は映像も含めて二〇点を超え、今年（二〇〇九年度）だけでも五〜六点が予定されている。

そのエネルギーの源は、なんといっても、べてるは「失敗の宝庫」だからである。私自身もこの領域で仕事をするなかで、決して味わいたくないと思われる事柄のほとんどを経験しつくしてきたという〝自負心〟がある。べてるの歴史も、「問題を見出し、それを解決し、克服してきた歩み」では決してない。常にリスクを先取りし、失敗しながら、その失敗のなかから新たなリスクを見出すという日々を積み重ねてきたのである。

その「順調に問題だらけ」という終わりのない日常を生き抜くために、べてるでは「過疎も捨てたもんじゃない」とか「幻聴さん、いらっしゃい」といった言葉の数々と、さまざまな暮らし方を編み出してきた。それは人のもつ猥雑《わいざつ》さと優しさ、人生の深淵と不条理のなかを、ワイワイガヤガヤと賑やかに生きるなかで見出された〝庶民の知恵〟でもある。その成果のひとつが、浦河からはじまった「当事者研究」という営みだった。

「当事者研究」に象徴されるような、精神障害をもつ人たちのユニークかつ混沌とした〝経験〟に潜む可能性に着目すること――これがソーシャルワーカーとしての私のスタンスである。べてるを紹介するにあたって、当事者自身の経験に力点をおくことを心掛けてきたのはそのためである。そのなかでときおり問われたのが、「私（向谷地）は何をしたか」ということだった。

べてるから発信された「非援助論」への共感が広まる一方で、非援助とは「何もしないこと」という一面的な理解がなされるようにもなってきた。しかし、たとえば『べてるの家の「非」援助論』（医学書院、二〇〇二年）を丹念に読んでいただくとわかるように、「非援助の援助」とは、ゆっくりであるが実に手間暇をかけた関係づくりのなかで見出されるものなのである。

それは、本書の最後に紹介したリンゴ農家、木村秋則さんの無農薬・無肥料のリンゴ栽培までの苦闘に似ている。「私が育てるのではない。私は見守るだけ」という眼差しの背後には、鋭い観察力と「何をしなければいけないか」ではなく「何をしてはいけないか」という発想がある。

本書『技法以前』は、一人のソーシャルワーカーとしての私の実践を、具体的な場面をまじえて著したものである。

私も、「何をしてはいけないか」を考えながら浦河で日々を重ねてきた。木村さんがリンゴと土の力を信じるように、私も〈当事者〉と〈場〉のもつ可能性を信じているからである。あらゆる問題解消の糸口は、「問題自身」と、「問題が起きている場」のなかに備えられている。それを信じることができないままに、問題解決の切り口をほかに探そうとするところに行き詰まりが生じるのである。

援助者の世界とは不思議なもので、この三〇年を振り返っても、精神障害をめぐる治療法や支援技法が、数年おきに一種の流行のように立ち現れてきた。多くの関係者が時代に乗り遅れまいと研修会に足を運ぶが、やがて時間とともに忘れられていく。さながら流行と廃れを繰り返す「ダイエット法」にも似ている。

しかし、多くの当事者は「人間として自分にぶつかってきてくれた感覚」や「同じ人間だと実感できる現実感」こそを、回復を促す条件として口にする。その大切な出会いを生み出すものは、おそらく「技法以前」にある何かである。それが一体どんな姿をしているのか、本書を通して探っていきたい。

技法以前——べてるの家のつくりかた｜目次

第1章

形から入れ!

私は現在、札幌近郊の大学で精神保健福祉士の養成コースの教員をしながら、ソーシャルワーカーとして二つのフィールドをもっている。襟裳《えりも》岬にほど近い海沿いの浦河町という片田舎にある精神科病床をもつ病院と、精神障害をもつ人たちの地域活動拠点「浦河べてるの家」である。べてるつながりの札幌在住のメンバーとの、週一回のミーティングや当事者研究も楽しみである。

住んでいる浦河町と大学は、距離にして約二一〇kmもある。二〇〇三年に大学に移ってからの六年間で車の走行距離は二六万kmを超え、小さなボディのあちこちから悲鳴が上がっている。計算すると一年のうち、ちょうどひと月を車の運転に費やしていることになり、毎年地球を一周していることになる。

履物をそろえると心もそろう?

大学の教員として最初に受け持ったゼミの学生と卒業式の晩に会食をもったときのことである。一人の卒業生から「私たち新米ワーカーが現場で心がけるべき大切なことは何ですか」という質問を受けた。そのとき思いつくまま口にした言葉が、「形から入れ」だった。さらにそれに付け加えたのが、「中身はあとからついてくる」という言葉だった。

だいぶ前になるが、お寺の境内の掲示板に目をとめると「履物をそろえると心もそろう。心がそろうと履物もそろう」という言葉が書かれていた。調べるとこの言葉は、永平寺の開祖である道元の教えだという。しかしへそ曲がりの私は、この類の単純明快な「教え」にいいようのないアレルギーをずっと感じてきた。校長先生やお偉い人が「上から目線」で私たち下々の人間に教えをのたまうお決まりの台詞としか受け止められなかった。

しかし、履物をそろえると心もそろう、というこの単純明快な発想を受け入れがたかった私も、認知行動療法的なアプローチであるSST（Social Skills Training：「生活技能訓練」と訳される、認知行動療法的なアプローチ）を学ぶにつれて少し変わってきた。物事のとらえ方、感情、身体の振る舞い（行動）が相互につながっているという実感をつうじて、しだいにその意味することを自分なりに汲み取ることができるようになった。それは、援助者としての内面的な価値観や意識を重視してきた私に大きな変革をもたらした。

拍手をやめないこと

では私たち援助者にとっての「形」とは、なんだろうか。それは身のこなしであり、言葉と一体になった〝所作〟である。

所作とは、もともとは仏教用語で「身＝身体」「口＝言葉」「意＝意志」の三つの〝業《わざ》〟（三業）である能作《のうさ》が、日常生活のなかに発動された結果や状態を言い表している（広辞苑）。その意味でも、援助者として外に表された所作は、同時に私たち援助者としての内側に還流し、次なる所作を発動する基盤となっていく。当然のように、その循環のなかで大切なのは、心をそろえてから履物をそろえるのではなく、まず履物をそろえる、という振る舞いである。

「形から入る」とは、そのような経験の蓄積から導き出された実践知である。ところがそれを聞いた卒業生が、「形から入る」ということはたんなる形式主義に陥る危険性があるのではという心配を口にした。また、SSTが大切にしている〝ほめる〟ことや、その顕われである拍手の多用に対しても「実感のない、表層的な肯定だ」という批判がたえない。

しかし、ここで大切なのは、それをやめないことである。

先に紹介した道元の言葉の後に、「誰かが乱しておいたら黙ってそろえる」という言葉が続く。周囲のご機嫌とりだとか、良い子ぶっているという批判をおそれずに、黙々と履物をそろえ続けるという所作がゆっくりと自分と人を動かす。それと同じように、臨床場面で吟味された「形」が、その背後にある思想や理念をゆっくりと実質化し、現実化するのである。

心の健康より行いの健康

それと関連して、以前、アメリカの精神保健の現状を視察に行った人の感想のなかに「向こうでは、心の健康ではなく、行いの健康が重視されている」というものがあった。なるほどと思った。私はその言葉を聞いて、「統合失調症は友達ができる病気です」というフレーズで知られるべてるの家のメンバー、松本寛さんのことを思い出した。

彼は日常的に一〇万人の幻聴さんとつきあっている。大きく分けると悪魔幻聴と天使幻聴である。悪魔幻聴は、道を歩いていると松本さんに「あいつを殴れ」とか「おばあちゃんを車道に突き飛ばせ」などと囁きかける。彼もむかしは、悪魔幻聴にときどきジャックされてトラブル続きだった。いまも悪魔幻聴は健在であるが、影響はされない。天使幻聴とのつきあいを大切にしているからである。

彼はいみじくも言う。

「頭のなかでいくら人を恨んだり、ぶっ飛ばしたりしても大丈夫。実際にやらなければＯＫだよ」

それは三〇年以上、精神医療や福祉の最前線に立ち続けてきたなかで培われてきた私の実感そのものである。

アクション・メソッド大嫌い人間が……

私自身が援助者として大切にしてきたスタンスは、常に最前線に足を運ぶことである。それは、浦河でソーシャルワーカーとして仕事をはじめるときに「この町でいま、いちばん困っている人を紹介してください」と地域の保健師さんに頼んだときから変わらない。

最初に紹介されたのがアルコール依存症をかかえる、いわゆる多問題家族だった。紹介された家族だけではなく、周囲で暮らす親類縁者がみんなアルコール依存症の当事者をかかえていた。幾世代にもわたって家族崩壊を繰り返してきた彼らの苦労を真正面から受け止めようとするあまり、大波に何度もおぼれかけた。問題が起きている現場に身を置き、困難に立ち往生する人たちの苦労にまみれながら、私は必死になって自分の「立つ位置」を探していた。

しかし実際には、〝立ち振る舞い〟が自分のテーマであるとはっきりと気づいたのはずっとあとになる。きっかけになったのは、一九九一年に、先にも紹介したSSTと出会ったことであった。

ある日、札幌で偶然立ち寄った会場で行われていた保健師研修会のテーマが「精神障害者への新しい支援方法としてのSST」で、講師はルーテル学院大学の前田ケイ教授(現名誉教授)だった。知り合いの保健師の配慮でこっそりと会場の後ろで立ち聞きさせてもらったのだが、私は胸の高鳴りを抑えることができなかった。

じつをいうと、学生時代から私はロールプレイなど、この手のアクション・メソッドをもっとも苦手とし、毛嫌いしてきた人間である。こんな子どもだましのようなリアリティを感じない演技が、人のかかえる苦悩や人生課題の解消に役立つはずがないという固い信念があった。学生時代からフランクルなどの実存主義的な精神医学や心理学に深く共感していた私にとって、実存主義の立場に立つセラピストが行動療法を「アメリカ的な合理主義と楽観主義に彩られた〝ロック的〟な手法である[1]」と手厳しく批判していたことの影響も見逃せない。

練習すればいい——SSTとの出会い

そうはいっても、北海道の片隅の過疎の町でべてるの家を立ち上げ、日高昆布の産直の事業を起こすなかで見えてきた現実のテーマは、そんな思弁的な論議とはまったく別のことだった。それは、「〝囲〟(医)学＝囲う」「〝管〟(看)護＝管理」「〝服〟(福)祉＝服従」という言葉に象徴される精神医療の構造とそれを支える社会を、いかに変えていくかというテーマとの出会いでもある。その一つの挑戦が「べてるの家」の発足だった。

べてるの家では、「治療」を重視したアプローチから、「生きること」に軸足を移した。その象徴が「社会復帰から社会進出へ」というキャッチフレーズである。苦労の多い現実社会にありのままで飛び込んでいくことによって、精神障害という在りように委ねてきた自らの生きづらさを、日常の営みの領域に取り戻していく。その意味でも私たちがべてるの設立時から一貫して大切にしてきた〝起業〟とは、「生きることの無意味さ」を象徴する不気味なシグナルであった精神障害という現実を、「生きることの可能性」をもたらす新しい経験へと変えていく手立てだったのである。

そこで必要とされたのは、自分の体調や気分を的確に把握し、安定を保つために必要な対処方法――自分の助け方の技――を習得することである。あるいは、「日高の昆布を全国に」の思いを現実化するための挨拶の仕方であり、お客さんが買いたくなるような商品の説明の仕方である。具体的な振る舞い方を知り、実際の場面で応用できるようになることが、私たちには必要だったのだ。

ＳＳＴは、そんな私たちが探し求めていた支援ツールだった。なによりも私自身を魅了したのは〝練習〟というキーワードである。精神障害をかかえる当事者のもつ生きづらさを、自己洞察とか反省という側面から切り取って「精神化／心理化」する傾向が蔓延するなかで、練習すればいいというあっけらかんとした言葉は「使える！」と思ったのである。

このようにして浦河というきびしい現実は、アクション・メソッドに対する私自身の見方を大きく軌道修正してくれた。

無惨なデビュー

しかし現実はそう甘くはなかった。翌年、札幌の有志メンバーと企画した前田先生を招いてのＳＳＴの研修会で、リーダーに挑戦した私は悪戦苦闘することになる。前田先生が近くに来ただけで緊張がはじまり、無意識に声がかからないようになるべく視線を合わせないようにしている自分がいた。

「リーダーの役割を練習してみませんか」という誘いにいちおう前向きに応じたものの、「いま、どうしてそこに立っていますか？」「いまの言い方の意図は？」などの質問に要領を得た説明がまったくできないままに、頭が真っ白になり全身から汗が噴出したものである。

ソーシャルワーカーとして一〇年以上のキャリアをもち、それなりの力量があると自負していた私にとって、それは無残なデビューであった。援助者としての私の意図や考えていることと、「現実に見えるかたち」で実現することのあいだの落差に私は愕然とした。車の運転にたとえれば、車の構造や交通法規を説明し人命の尊重を唱えることができても、じつは「運転ができなかった」のだ。

しかしなぜそんなことになったのだろうか。

理由は簡単である。たしかに自己流の運転はできる。しかし、場面に即した運転を求められたときに、どのようなハンドルさばきが適切なのかをまるで知らなかったのだ。援助の理念と、それを現実化する方法・技術との突き合わせをしないままに、十数年が経過していたのである。ＳＳＴは、そのことを私に気づかせてくれた。

当事者はアスリートだ

専門家は、従来当事者を車の後部座席に乗せて、安全に目的地に運ぶことを使命としてきた。そしてその運転は、特別に教育を受けたとされる専門家に独占されていた。ところがSSTにおいては、その運転席に当事者自身が座って運転操作を習得することを重視し、専門家は助手席に乗って側面的に運転技術の習得をサポートすることが求められている。

そこで慌てたのが専門家である。いや、慌てている人はまだ救いようがある。先にも述べたように私自身も含めて、じつは自分たちの運転技術はほとんどが自己流だったからである。自分なりに走ることには手馴れていても、精神障害をかかえる当事者の現実に即した運転技術については「ズブの素人」同然だということが露わになったのだ。

そこで浦河では、SSTが導入された一九九四年から現在まで、スタッフの「運転技術」の獲得に向けた研修(PST：Professional Skills Training)を導入している。それでも、毎日の暮らしのなかで、幻聴や妄想などの症状への自己対処を余儀なくされる当事者の「運転技術」の向上は目覚しいものがあり、圧倒的に当事者の技術が優れるという「スキルの逆転」が起きはじめている。

この経験は、私の援助観に大きな修正を加えることになった。たとえば私は、統合失調症などの精神障害をかかえる当事者を「アスリート＝運動選手」として理解するようになった。これは従来思いもつかなかった見方であるが、同時に「障害をもつ当事者自身が生きる力を取り戻していく援助とはどうあるべきか」という、すでに通り過ぎたと思われていたテーマが十数年の時を経て自分のなかに蘇ってきたことを意味した。そこから見えてきたテーマが、先に紹介した援助者としての振る舞いであり、形を身につけることであった。

あなたはどこに立つ?

スタッフ研修の講師として招かれると、最近私は参加者に、「援助のイメージを形で表してください」とお願いする。二人一組になってもらい、ひとりが援助者で、もうひとりが支援を必要とする当事者である。

「さあ、皆さん。役割が決まったところで、援助者としてイメージする《当事者主体の援助》を、立つ位置や身体を使って彫刻のように表現してみてください」

すると、そこにはじつにさまざまな《当事者主体の援助》が現出する。当事者の斜め前に少し離れて立ちながら相手を観察するポーズをとる人、当事者と手をつなぎながら横並びに立つ人、一歩後ろに下がって当事者を斜め前で見守ろうとする人、腕を組んで一緒に歩むという姿勢を表そうとする人……、いちばん多いときで八つのパターンに分類された。分類されたというと聞こえがいいが、要するにバラバラ状態である。

つまり、理念として共有されているはずの「当事者主体」も、現場ではさまざまな形で行われているということである。実際にはその理念とは乖離したアプローチさえもが当事者主体を装い、横行しているのであろう。

よきにはからえ
わが〝当事者主体流〟が目指すは変幻自在にござれば
…………

私がそこで見せたのは、視覚に障害をもつ人と一緒に歩くときの「手引き」のイメージである。支援者は当事者の少し前に立ち、当事者は支援者の肘をつかみ、肘の動きで必要な行動を判断する。基本的に支援者がしていることは、肘を貸すことだけだ。

これは、視覚障害リハビリテーションのプログラムを通じて私が学んだ当事者主体の形である。手を引っ張られたり後ろから抱えられたりするのは、当事者にとってはとても歩きにくい、不安定なスタイルである。当たり前のことであるが、やはり歩く主体は当事者自身なのだ。

以来これが私の立つ位置、私の振る舞いの原型となった。その原型の上に場面ごとにふさわしい形を身につけることを大切にしてきた。

2 「自分を助けること」を助ける

当事者主権としての「自助」

最近、私自身があらためて大切にしている援助の理念を表す言葉の一つに、「自助の援助」というものがある。相談援助の世界では自明の理として言い古されたこの言葉には、私たちが忘れかけている大切なケアの本質が隠されている。

私がこの言葉に最初に出会ったのは、大学の援助方法論の講義だった。もっとも、「自助」という言葉は対人援助のみならず、政治学や経済学でもたびたび取り上げられていて、地域開発の一つの目標にもなっている。自助といえば有名なのがサミュエル・スマイルズの『自助論』であり、よく知られているのが、本の冒頭に記されている「天は自らを助くる者を助く」という言葉である。

そこでいわれる自助とは、とくに経済的に「国や他人の世話にならないこと」をめざし、「勤勉に働いて、自分で自分の運命を切り開くこと」というものだ。これらの考え方は、近代市民社会を支えるキーワードであり、世間受けする自助といってもいい。

しかし、このように経済的な自立をイメージする自助の一方で、昨今は障害をもった当事者の側からの権利、つまり「当事者主権」としての自助が主張されるようになってきた。[2] それは「私のことは私が決める」という主張であり、市民社会で共有されているその当たり前のことが、障害をもった人たちにおいては侵害されてきた現実からの主張である。

そこでイメージされるのは、当然の権利として福祉サービスやケアを活用する自助である。スマイルズのいうような社会的なサービスから離脱する自助ではなく、人の力やサービスを利用すること自体が、一つの自助の形として認められる社会である。その意味で、高齢者や障害をもった市民が地域のなかで当たり前に暮らすことを当然とする社会の到来は、自助のイメージに根本的な変更を加えようとしている。

この当事者主権の立場から、「自助の援助」について考えてみたい。ポイントは、援助者の立つ位置である。

当事者不在はいつ起こるか

「自助の援助」においては、精神障害などをかかえる当事者を助ける主役は当事者自身であり、専門家の援助は常にそれを前提にしていなければならない。まず押さえておかなければならないのはこのことである。別ないい方をすれば、「当事者自身が〝自分を助けること〟を助ける」のが、援助者の基本的なスタンスということになる。

これは、当事者自身のもっている回復力や問題解決能力を前提とするあらゆる対人援助職にとって、共通の援助観であるといえる。そこを忘れたときに起きるのが、「当事者不在」である。

当事者不在は、「助ける主役は当事者自身である」ということを、援助者側が忘れたままに援助がスタートするときによく起きる。じつはリストカットであろうが、大声を張り上げ壁に穴をあけたりする〝爆発〟であろうが、その行為には、切羽つまった当事者自身の「自分の助け方」としての側面が潜んでいる。その側面を見落とした援助は結果的に、いかにその問題行動を阻むかという保護的・管理的な議論に行き着きつく危険性を常にはらんでいる。

「助ける主役は当事者自身である」ことに留意したかかわりの一例として、私がある女性メンバーから「食べ吐きが止まらない」という相談を受けた場面を紹介したい。

その女性も、多くの支援スタッフから「困ったときには、一人で抱え込まないで相談する」ことが大切であるとアドバイスされていた。彼女は、困ったときには仲間やスタッフに遠慮なく相談できるようになり、相談するたびに「よく相談できたね」と誉められるようになった。「食べ吐きが止まらない」

という相談は、そんな最中に受けたものだった。

自助の反対語は「孤立」

私は彼女に「いま、誰を頼りにしていますか？」と聞くと、当然のように「向谷地さんとか、仲間やスタッフですね」と答える。そんなとき私は「いま、あなたのつらさを助けることができるのは、第一にあなた自身ですよ。あなたはいまも、食べ吐きという方法で自分を助けているんですよ」と言うようにしている。自分を助けるどころか、自分いじめに明け暮れている本人は、一様に「え、私って自分を助けているんですか？」と驚く。

「そうですよ。あなたは一瞬でも確実に自分が楽になれる方法を知り、それを使って自分を助けているんですよ。きっと後味が悪くて、後悔することも多いと思うけれど、いまの苦しさを緩和することに関しては、あなたはプロですよ」

そう言うことによって、「自分を助けたい」という忘れかけていた動機が当事者によみがえってくる。「すでに自分を助けようとしている自分」が見えたことによって、より効果的な新しい自分の助け方を一緒に見出していこうとする連帯が生まれるのである。

ここから見えてくるのは、次のことである。

「自助＝自分を助ける」という営みに欠かせないのは「助ける主体としての自分を見出す」ことであり、そんな「自分自身と出会う」ということである。「自助の援助」とはその基本において、自分自身との出会いを通じて他者とのつながりの回復と創造を目指すプロセスである。つまり「自助」の反対語は、一般的に思われる「依存」ではなく、「自己の喪失」と「孤立」なのである。

話の聞き過ぎは「苦労の丸投げ」をもたらす

このことを具体的な別な援助場面で考えてみる。

Aさんは二十代後半の統合失調症をかかえる青年で、独り暮らしをしている。一時は幻聴もあったが、いまは消えている。七年前に発病して以来ときどきデイケアに通っているが、自分の将来を考えると悶々としてくる。イライラが高じると近くの公園で散歩をしたり図書館に行ったり、病院を受診して主治医やデイケアのスタッフに話を聞いてもらったりと懸命に苛立ちの回避に向けた行動をするが、結果的に行き着くところはいつもリストカットと大量服薬である。

Aさんから以上のような現状の苦労を聞きながらわかったことは、医師をはじめとする精神科のスタッフが、彼の思いを懸命に受け止めようとして、忙しいなかできる限りの時間をとって彼の話を聞いているということだった。しかし、そのようにじっくりと話を聞いているにもかかわらず、リストカットと大量服薬という悪循環はその後もダラダラと続いていたのである。

結論をいうならば、この悪循環のポイントは「彼の思いを懸命に受け止めようとして、忙しいなかでできる限りの時間をとって話を聞いている」ところにある。

つまり、自助を阻害する「聞き過ぎ」と「苦労の丸投げ」が起きているのである。Aさんには、無意識のうちに自分に真剣に向き合ってくれるスタッフとの「充実したひととき」という切符を手に入れるために、リストカットと大量服薬というカードを切りつづける必要が生じているともいえる。

聞き過ぎに陥るスタッフも、当事者に自己洞察を促し、つらい感情を吐き出させることで、現状の改善に役立つことを期待する。もちろんそれはまったくの無駄な作業ではない。しかし効果はあくまでも一時《いっとき》なのである。砂漠のなかで出会ったオアシスのように、潤いは一時で、時間とともに「渇き」はふたたびやってくる。

「残念ながら百点満点」という立ち位置

この渇きは、自己効力感（自己に対する有能感・信頼感）と正反対の感覚といっていい。それがわかれば、Ａさんのかかえる悪循環を解消することはそれほど困難なことではない。「聞き過ぎ」と「苦労の丸投げ」状態から脱却し、自己効力感を高める支援に切り替えればいいのである。また、Ａさんに対する独創的なアプローチや援助方法を探る必要もない。私たち自身の「立つ位置」を変えればいいだけなのである。

私はＡさんに言った。

「Ａさん、あなたは必死に自分を助けようとして、その方法としてリストカットや大量服薬を繰り返してきましたが、結果はどうでしたか？」

Ａさんは、不思議そうな顔で答えてくれた。

「え？　ぼくは自分を助けてなんかいませんよ。自分を助けてくれるのは、いつも話を聞いてくれる先生や看護師さんです」

「いえ、Aさんをいちばん熱心に助けようとしてきたのは、Aさん自身だと思いますよ。私は、Aさんにはちゃんと自分を助ける力を感じます。いまはただそれが成功していないだけですよ」

そう言うと、明らかにAさんの表情からは安堵感とともに、自分のかかえる生きづらさというテーマに身を乗り出すようにして向き合おうとする思いを読みとることができた。

「Aさん、こういうのはどうですか。今日からAさんを助ける仕事の主役はAさん自身であるということ、自分の助け方の研究を一緒にはじめること、これから起きる生きづらさの苦労は大切な研究テーマとしてノートに書きとめて仲間と検討すること、自分の助け方の新しいアイデアを練習して身につけて、その効果を確認すること……」

さらに私はAさんに尋ねた。

「Aさんは、もし自分に点数を付けるとしたら何点を付けてあげることができますか」

「一〇点か二〇点ですね。せめて八〇点は取りたいですね」

「Aさん。とても残念なことですが、じつはあなたはすでに百点満点なんです。実感はないと思いますが、残念ながらもうすでに百点満点なんですよ。人生の目標を失わせたようで申し訳ないですが」

そう言うと彼は、「え、そうですか……もう百点ですか……ちょっと、気が抜けた感じですね……」と言って笑った。

自分の苦労の主人公になる

「百点満点」というのは、私たち援助者が立っている位置を明らかにするメッセージである。Ａさんは、いつも極端な万能感と劣等感のあいだをエレベーターのように上下している。しかし、そんなＡさんに向き合う私の立つ位置は不変である。大切なのは、見かけの成果によって一喜一憂しないことだ。Ａさんに対する私の眼差しは「いつも百点満点」である。

そこで大切なのは「残念ながら」という立ち位置である。

Ａさんにとってこの現実は、決して百点満点とはいえない不満足な状態である。だから援助者が手放しで「あなたはすばらしい！　百点満点です！」と言ったとしても、それは当事者の現実から遊離した口先のほめ言葉になってしまう。しかし、この「残念ながら」という言葉によって、「百点満点」はＡさんの現実となる。そこには、何ひとつ満足のいかないように見える現実を生きているＡさんという存在を、現実の惨めさにかかわらず百点満点なのであるとする「絶対的な肯定」と、〝にもかかわらず〟いまを生きようとするＡさんへの「連帯と励まし」が表明されているからである。

こうしてＡさんは、自分の苦労の主人公になった。私のしたことは、Ａさんと一緒にＡさん自身のもっている力を再確認する作業に立ち会っただけである。その後Ａさんは、見事にリストカットと大量服薬の悪循環から抜け出すことができた。

「神の手」への誘惑をいかに断ち切るか

このような例はたくさんある。不安感や落ち着きのなさを訴えて一日に何度も外来受診をし、相談室のスタッフにも話を聞いてもらったあとにもかかわらず、執拗に長電話をかけてくる通院患者がいた。そんな彼への対応策を相談されたことがある。

私がスタッフに提案したのは、スタッフ自身が、受容と共感一辺倒から脱却することである。そしてこう言ったらどうかと提案した。

「あなた自身が感じるつらさや圧迫感から、なんとか自分を助けようとして懸命に対処しているあなたはすばらしいですね。これからは、よりよい助け方を一緒に探しましょう」

その後「こんな自分でOKなんですか。わかりました」と言ってものの数分で電話が切れたということを、さっそく実行したスタッフから聞いた。それまで延々と電話で話を聞きつづけたのが嘘のような話である。

電話をかけてくる当事者は、決して解決を求めているのではない。当事者も援助者と同様に、現実の生きづらさに対処するための立ち位置を探しているのである。先のAさんの事例を持ち出すまでもなく、パターン化された苦労の背景には、生きづらさをかかえた当事者自身が「自分のかかえる苦労の主人公」になりきれないという状況がある。そして、援助者や家族がいつの間にか問題解決の主役になってしまっている例が数多くある。

援助者には常に、問題解決の神の手になろうとする誘惑と、神の手になってほしいという当事者や家族からの期待がある。しかし浦河には、「○○先生のお陰で病気がよくなりましたという患者は治りが悪い」という〝ことわざ〟がある。生きづらさの解消という成果は、当事者自身の自助の結果としてもたらされたものである。援助者の「神の手にならない」というわきまえと、それを体現する援助の〝形〟が、回復の質を決定するのである。

第2章

専門家に何ができるか

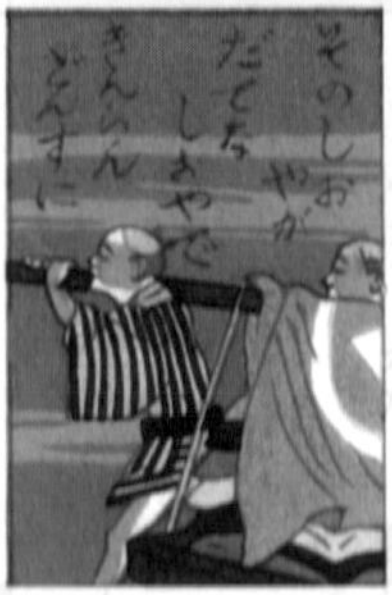

爆発の原因は……

浦河で暮らす統合失調症をかかえる爆発系のメンバーから、「向谷地さん、なんだかイライラして爆発しそうだよ」と電話がかかってきた。

「そうか、それは大変だなぁ。ところで、キャッチした爆発信号については何か手がかりはあるのかな？」

「それをぼくも探しているんだけど、ちょっと見当がつかなくて……」

戸惑った声で答えが返ってきた。

そこで私は、いままでの彼自身の幾多の爆発の経験を踏まえながら、あらためて身近な暮らしを再点検することを提案した。「点検」とは、生活上のさまざまな苦労やエピソードが、自分の体調と気分とどのようにつながっているのかを、絡んだ糸をほぐすように手繰りよせ、突き合わせる作業である。

「もう一回、点検してみるよ」と言う声で電話が切れた後、しばらくしてふたたび彼から連絡が入った。

「向谷地さん、わかったよ！　部屋の生ゴミだったよ。きのうから生ゴミのにおいが気になっていたんだよね。片づけたらすっきりしたよ……」

それを聞いて私は、「爆発しそうだよ」という表向きの深刻さと、「生ゴミがくさかった」という結末のあまりの落差に笑い、やがて二人そろって大笑いになった。

「相談にきました」

同じころ、札幌郊外に住む幻聴爆発系のメンバーである森亮之さんからもメールが届いた。メールのタイトルがふるっていた。「新技開発！」である。

彼と出会ったのは、私が大学に移ってまもなくの二〇〇三年だった。彼は高校のときから「きもい」という幻聴や、人の視線が気になりはじめた。数回の入退院を経ながらも家庭内での爆発がおさまらず、壁に穴があき、家族への暴言も繰り返され、そのたびに薬が増えるという悪循環に苦しんでいた。

家族は「母親の顔を見たらムカムカする」という彼の言葉を真に受けて、主治医とも相談のうえ、必死の思いで爆発予防の手段をとった。それが「話をしない」という対処方法だった。

私が相談を受けたのは、爆発の芽を摘むためにそんな対処方法を家族がとりはじめて二か月を過ぎたころだった。彼が人を拒絶し自宅にこもってから、すでに三年ほどが経っていた。

この手の相談で大切なのは、家族を含めた第三者からの情報は、本人の印象も含めて参考にはするが、「真に受けない」ことと、「現場で考える」ということである。案の定、人と会おうとしないという事前情報とは違って、突然お邪魔した私を彼は意外なほどすんなりと受け入れてくれた。

受け入れられたポイントは、「相談にのる」ではなく、「相談にきた」ところにある。

打つ手はある!

「はじめまして、向谷地と申します。突然お邪魔して申し訳ありません。じつは私はソーシャルワーカーをしていて爆発に悩む人たちと当事者研究という活動をしています。今日、相談にきたのは、爆発系の統合失調症をかかえながら一生懸命に暮らしているあなたから、いろいろと経験を教えてもらいたいからです」

そう言うと彼は、「ぼくに相談ですか?」と一瞬戸惑いながらも、「そうですか、どうぞ」と茶の間に招き入れてくれた。

彼は、私をソファーの置いてある茶の間に案内し、お茶の用意をはじめた。私はその仕草をみて「これはいける!」という確信をもった。まもなく母親が帰宅し、三人でゆっくりとお茶をいただいた。

その彼に「いま、やりたいことはなんですか?」と尋ねると彼は言った。

「親と話がしたいです」

私は、この言葉が今も忘れられない。彼は爆発からの脱却と家族とのコミュニケーションの回復を、家族のなかでもっとも切望していたのである。

私が彼に伝えたのは、同じ苦労をしている仲間の経験からして「打つ手はある」ということだった。ポイントは、忌まわしい幻聴や被害妄想などの圧迫に対して、自分なりの対処法を探すことだ。爆発や暴言という対処法ではなく、自分も家族もともに安心できる方法を見出すのである。絶望的な行きづまり状態のなかで「打つ手」を見出すための当事者研究がこのときはじまった。

つながるためのサイン

さて、その彼が「新技」と呼んだのは、一人で居て孤立感や孤独感が強まり幻聴がきつくなったときに、「親指と小指を立てて電話をかける仕草をする」ということである。「一人でやっても効く」ところがポイントだ。それを彼は、リンリンサインと命名した。困ったときに仲間に電話するイメージを実感できるという。

ちなみに、その前に彼が開発したのはＢＢ（ビッグ・ボス）サインといって、つらい幻聴や被害妄想をキャッチしたときに、親指を立てて仲間に伝える技である。それを見た仲間は「ナイスキャッチ」という励ましの意味を込めて、同様に親指を立てて連帯を表明する。その途端、潮が引くようにつらさが軽減するという。この二つのサインに共通しているのが「人とのつながり」を実感できることである。

苦労を取り戻す➡自分を取り戻す➡人とつながる

精神障害をかかえるということは、浦河流にいうと「自分の苦労の主人公になる」チャンスを奪われるということである。これは、私が精神科病棟の一スタッフとして仕事をはじめたときに最初に抱いた印象でもある。つまり、自分の人生でありながら常に他人に心配され、管理され、保護される暮らしの可能性が高まるのである。

特に統合失調症では、自分の五感から伝わってくる世界と、周囲の人間の共有している世界とのあいだに著しいギャップが巻き起こり、さまざまな人間関係上の摩擦を引き起こす。摩擦を防ぐもっとも有効な手段は「人と会わない」ということである。そのことによって、当事者は人とのつながりからの離脱を余儀なくされ、さらなる孤立へと陥る。ある当事者はそのときの心境を「どんなに嫌われてもいいから、何をしてでも人とつながることを渇望した状態」と言っている。

このようにしてできてしまった自分と周囲とのあいだの溝を破壊し、人とのつながりという命綱を確保する緊急避難的な自己対処として、彼らは爆発という手段に頼らざるを得なくなっていく。しかし爆発行為はさらなる周囲の管理と保護を強め、他者の管理と支配に身を委ねる生活へと当事者を貶めていく。

それに対して「自分の苦労を取り戻す」とは、「自分の苦労が自分のものとなる」という経験であり、それは自分の人生を取り戻すことにほかならない。自分を取り戻してはじめて、人とつながることができる。このようにして、「苦労を取り戻す」ことと「人とつながる」ことが、同一の出来事として起きてくるのである。

爆発に陥った当事者を一方的に支配したり、保護・管理することは、人間誰しもがかかえながら生きている「苦労という経験」を奪い去ることを意味する。幻覚や妄想も、日常的な暮らしの心配も、そして「生きることの意味」というシンプルで深遠な人生課題も、すべては一人の人間にとってはかけがえのない経験であり宝物なのである。それはいまもむかしも精神医療の世界にもっとも欠落した部分であり、浦河での三〇年間の歩みのなかで、私たちがいちばん大切にしてきたものなのである。

2 「多材」と「多剤」の限界

精神医療から精神保健福祉へ

この三〇年のあいだに日本の精神医療の現場には、さまざまな点で大きな変化があった。

第一の変化は、「精神医療」という言葉にくくられていた精神障害者の治療と社会復帰が、精神医療・保健・福祉の領域を網羅した「精神保健福祉」というトータルな概念へと拡大したことである。精神保健福祉法や障害者自立支援法など、それを裏付ける法制度も整うようになった。

その結果、広さでいえば東京都の二・二倍の北海道日高管内（人口約八万人）で、当時は私が唯一のソーシャルワーカーであったのに、今では一〇人を超えている。多くのワーカーが精神保健福祉の最前線を担うようになったのだ。べてるの家をはじめとして、地域で暮らす当事者を支援する通所型の社会資源や共同住居なども格段に増え、当時と比べると隔世の感がある。

薬物療法への熱い視線

もう一つは、「治療の中味」をめぐる変化である。

当時は、手のつけようのなかったアルコール依存症患者が、断酒会など自助グループへの参加を通じて劇的に回復するようになっていった時代である。「治る」という達成感を期待しにくい当時の精神医療現場のなかで、唯一アルコール医療に熱気があふれていた。

その反面、「アルコールはやっておもしろいけれど、分裂はね……」というように、統合失調症の治療は決定打のない不全感に苛まれていた。やがて統合失調症は「脳病」であるという考え方が強まるなかで、治療薬の開発によって統合失調症の困難が根本的に解消されるような空気となった。家族や当事者にとっても有効な治療薬の登場は、精神病に対する恐怖や不安からの解放と、偏見差別の解消への足がかりとなるはずであった。こうして薬物療法一辺倒へと一気に傾斜していく。

当時の様子について精神病理学者の木村敏氏は、あるインタビューでこう語っている。

この半世紀はね、精神病理学がマイナーになっていった五〇年でもあるんです。精神病は心の病か、脳の病気かという議論は一八世紀から続いてきたのですが、戦後、向精神薬が登場して、薬で治せる、だから脳病だとする学説が「勝った」ことになった。特に八〇年代以降は。[1]

良心的な精神科医ほど多剤大量に走る

しかし薬物療法への過度の依存は、期待とは正反対の現実を生み出した。それはたとえば二〇〇六年一二月に配信されたニュース記事の見出し、「結婚や就職、薬物療法で断念」に象徴されている。[2] 記事によると、NPOが精神科患者を対象にアンケート調査をしたところ、「精神疾患の薬物療法のために、通院患者の多くが結婚や就職をあきらめている」というのである。その背景には、多剤大量処方による副作用の問題がある。本来、病気に苦しむ当事者の回復や社会復帰を助けるための薬物療法

ご気分は？
うーん「生きててすみません」てカンジ？
そりゃ太宰でんがな

が、多くの場合それを阻害しているというのである。

しかしその構図は、ありがちな「製薬会社と結託した精神科病院が患者を喰い物にして儲けに走っている……」というように批判できるほど単純ではない。私の印象では、良心的な医療を心がけ、熱心に患者の訴えを聞き、少しでも本人のかかえる症状のつらさや問題の改善をはかろうとする精神科医ほど「多剤大量」に陥りやすい気がする。特に被害妄想をかかえた爆発系の統合失調症の当事者の場合で、その傾向が顕著である。爆発が起きるたびに、病棟では看護者の、家では家族の負担を軽減し、目の前の問題をなんとかしようと薬がどんどん積みあがっていく例が多い。

二つのタザイが見せてくれたもの

この三〇年の変化を一言でいうならば、二つのタザイ、すなわち「人材＝多材」と「薬剤＝多剤」という現象が出現したことである。その結果みえてきたのは、「たんなる人材の投入と薬の増量だけでは現場のかかえる困難は解消できない」という当たり前の事実である。

先に紹介した木村敏氏は、続けて次のように語っている。

私はそんな風潮に反対してきたのです。精神病の根源は個人でなく、個人と個人の関係性、私が呼ぶ〝あいだ〟にあるのではないかと思う。自分のあり方を決めているのは、他者との関係に他ならないですから。

浦河では、まさにこの「関係性」というテーマに早くから着目し、こだわりつづけてきた。専門家のかかわりと薬物療法の限界が明らかになったことで、いままでその陰に隠れてみえなくなっていた本質的なテーマが再浮上してきたのだ。少なくとも、「専門家の力」と「薬の力」で織り上げようとした従来の試みには、明らかに陰りがみえはじめている。

3　二つの無力

「当事者主権」と「専門家無力」

では今度は、浦河での三〇年を「関係性」という点から振り返ってみよう。

浦河でもっとも大きく変化したのは当事者と専門家の関係である。激変ともいえるその変化を一言でいえば、べてるの家の当事者スタッフである清水里香さんが指摘した「専門家としての当事者」と「当事者としての専門家」の出現である。少し説明が必要だろう。

精神医療における地殻変動を象徴する変化は、当事者が「自分の専門家になる」ということが日常化してきたことである。そこには、大きく分けて二つの流れがあるように思う。

第一は、権威としての「専門家の力」に対抗して、「自分のことは自分がわかっている」という立場である。障害をもつ当事者の力を再評価する当事者主権の流れといってもいい。そこには、現状の専門家のシステムに対する穏やかな批判と権威に対抗する「当事者の力」と「権利」の主張がそこにはある。そこでは当事者を問題をかかえた人としてみることを否定し、当事者のもつ可能性と力に着目する。

第二はその裏返しとして、専門家自身がみずからの立場を「無力」と位置づけ、専門家としての権威性を否定し、当事者ならではのユニークな世界や力を認めるなかで現実に対するアプローチを模索しようとする流れである。アルコール医療などに典型的にみられる立場かもしれない。

「二つの無力」という第三の立場

これらに対して浦河では、第三の流れが生まれつつある。

それは「自分のことは、自分がいちばん〝わかりにくい〟ことを知っている人」としての当事者（専門家としての当事者）と、「幻聴や被害妄想など、もし当事者と同じような状況に遭遇したら同様に戸惑い困難に陥るであろうことを知っている人」としての専門家（当事者としての専門家）――この二つの「無力」によって支えられている立場である。

「自分のことは、自分がいちばん〝わかりにくい〟ことを知っている人」としての当事者を象徴するのが、清水里香さんの次の言葉である。彼女は、被害妄想の体験をこう語る。

「なぜ、被害妄想と気づかなかったのか」を考えると、「幻聴があるということ自体に依存していたからではないか」といえる。〔…〕幻聴と被害妄想は、「空虚さ」というわたしのこころの隙間を埋め尽くし、「生きていることの虚しさ」という現実からわたしを避難させるという役割を果たしていたといえるのではないか。それが被害妄想であると気づくこと自体が、わたしにとってはこわいことだった。[3]

「当事者としての専門家」については、精神科医の中井久夫氏の言葉がもっともわかりやすい。これは、専門家としての大切な「わきまえ」ということもできる。

すべての人間は「病人」になりうる可能性をもっている。心身の傾向とそのときのわずかな事情の違いによって何病になるかが違うだけだ。〔…〕「だれでも病人でありうる、たまたま何かの恵みによっていまは病気ではないのだ」という謙虚さが、病人とともに生きる社会の人間の常識であると思う。[4]

当事者――「弱さの力」をもつ人

本当の意味での「当事者の力」とは、弱さの対極としての強さや、弱さを否定し克服された強さによって下支えされているのではない。むしろ、弱さと無力に裏付けられてこそ、当事者の力である。浦河における「専門家としての当事者」像を支える基盤は、「弱さの力」なのである。

先に紹介した爆発系のメンバーが最近、ふたたび強烈なイライラ感に襲われ一泊二日の休息入院をした。その彼が退院後、電話をくれた。

「向谷地さん、わかったよ。今回はね、病気なんかなければいいのにとか、病気が取り去られればいいなと思ったら急にひどいマイナスのお客さんがやってきて襲われたんだけど、『病気でもいいや』って考えるようにしたら落ち着いたよ。ぼくは、もう諦めて病気路線でいくことにしたよ(笑)。そのほうが楽だよ……」

それを聞いて思い出したのが、ニューヨーク・リハビリテーション研究所の壁に書かれた「病者の祈り」という有名な詩である。

大事をなそうとして力を与えてほしいと神に求めたのに、慎み深く従順であるようにと弱さを授かった／より偉大なことができるように健康を求めたのに、より良きことができるようにと病弱を与えられた／幸せになろうとして富を求めたのに、賢明であるようにと貧しさを授かった／世の人々の賞賛を得ようとして権力を求めたのに、神の前にひざまずくようにと弱さを授かった／人生を享受しようとあらゆるものを求めたのに、あらゆることを喜べるようにと生命を授かった／求めたものは一つとして与えられなかったが、願いはすべて聞きとどけられた／神の意にそわぬ者であるにもかかわらず、心の中の言い表せない祈りはすべてかなえられた／私はあらゆる人の中でもっとも豊かに祝福されたのだ。

専門家——職業的に弱くなることを選択した人

それに対して、専門家の「無力」も、まさしく当事者と同様に、弱さを基盤にした力だということができる。「ボランティアとは、弱くなる行為」[5]という文脈にそって考えると、専門家とは「職業的に弱くなることを選択した人」たちということもできる。

その専門家のもつ「無力の力」を最初に教えてくれたのは、福祉を学ぶ学生であった私に恩師が薦めてくれた一冊の本、精神科医・神谷美恵子の『生きがいについて』[6]であった。以来今日までその本は、病いを生きようとする人間理解の大切なテキストとなっている。

病気がちでときおり入院を繰り返していた神谷美恵子が晩年に残した詩に、「らいの人に」というものがある。

なぜ私たちでなくてあなたが？
あなたは代って下さったのだ
代って人としてあらゆるものを奪われ
地獄の責苦を悩みぬいて下さったのだ
ゆるして下さい　らいの人よ
浅く、かろく、生の海の面に浮びただよい
そこはかとなく　神だの霊魂だのと
きこえよいことばをあやつる私たちを[7]

二つの権威から逃れるために

ここで重要なのは、この詩から伝わってくるマザー・テレサにも通じる「献身のイメージ」ではない。先の中井氏の言葉にもあるように、病いをかかえた人たちの現実を、自分事としてリアリティをもって想像し、痛むことのできる力の大切さであり、ケアにおける共感の土台は、そこにある。

反面、現場でよく聞かされる言葉は「患者さんと距離を保つこと」であり、それは対人援助職の大切なわきまえとして定着している。しかし、神谷美恵子から伝わってくる対人援助職としての姿は、当事者の現実から距離をとることではなく、むしろその中に降りていき、つらい現実にともにたたずみ、ともに「弱くなる」ことなのである。つまり専門性の本質は、たんなる特定の領域に関する知識や援助技術の有り様にではなく、「病むこと」の現実を先取りすること――弱さの先取り――にある。

このように、専門家の前向きな「無力」と、当事者がかかえる力としての「無力」こそが、二つの権威化を防ぐことになる。一つは旧来からある「専門家の権威化」であり、もう一つは、近年目立つようになってきている当事者のかかえる病いと障害という「経験の権威化」である。この両者の権威化を防ぐことこそが、当事者と専門家の連携とパートナーシップの基盤となるのである。

第3章

信じるということ

爆発予防策に行きづまる

統合失調症爆発タイプの森亮之さんは、「向谷地さん、暇なのでちょっと寄っていいですか」と電話をくれた後、大学の研究室にひょっこりと顔を出してくれる。当事者研究の領域で彼の活躍はめざましい。次々に編み出す自己対処法のレパートリーは優に三〇を数え、仲間内では「森式」と称されるほどの広がりをもって活用されはじめている。

そんな彼とのつきあいも、今年(二〇〇九年)でちょうど七年目になる。彼との出会いの経緯については前章で簡単にふれたが、ここであらためて詳細を取り上げてみたい。

彼を知ったそもそものきっかけは、統合失調症をかかえ爆発を繰り返しながら自宅にひきこもる息子に手を焼いた両親が、わざわざ浦河までべてるの見学を兼ねて相談にやってきたことだった。

両親がいちばん困っていたのが、ときおり大声を張り上げたと思ったら壁を殴り、荒れることである。特に母親への暴言や八つ当たりがひどく、ホトホト困り果てていた。反面、通院も欠かさず、服用している薬の量も限界まで達している。主治医が思い余って「どうしてお母さんにつらく当たるのか」と彼に尋ねると、彼は「母親の顔を見たら腹が立つ」と答えた。そこで考えられたのが、前に述べたように「親と口をきかない」という対策だった。

以来、彼も両親と一緒になって「口をきかない」という爆発の予防策を必死に守りつづけてきた。しかし二か月が経ち、このまま「会話をしない」という対処方法をとりつづけることに行きづまりを感じた両親が、セカンドオピニオンを求めて浦河まで足を伸ばしたというわけだった。

「息子が吐くのは親を責める言葉ばかりで、本人が何を考えているのかもわからない。入院治療は本人もいちばん恐れているし薬物療法もこれ以上打つ手がない状態です」

そんな状況のなかで私が可能性として着目したのは、二か月のあいだ「親と口をきかない」という約束を守り通す彼の底力だった。「ここに来るのも息子には内緒」という両親に私が提案したのは、信じるという作業の取り戻しである。

「信じる」と「信用する」は違う

危機的な状況を生きている本人と家族のなかに起きている出来事を、あたかも機械を分解してその仕組みを見定めるように構造的に理解すること、お互いの「立っている場所」を確認しながら、その位置に再検討を加えること、そのことを通して見出した家族の立ち位置にふさわしい「力のある言葉」を用いていくこと——これらの一連のリフォーム作業は、じつは「信じる」という土台の上に成り立つ。そして、そのプロセスでもっとも大切なのは、《信用する》ことと、《信じる》ことの違いをわきまえることである。

《信用する》とは、あくまでもこの目で実際に見て聞いて確認して、「信用に値する現実」を担保としてはじめて私たちがとりうる態度である。そこには、さまざまな打算や駆け引きが介在する。それに対して《信じる》という態度は、目に見えず、将来的な好転や可能性を導き出すのは困難であるという状況のなかで、にもかかわらず私たちが希望をもって見ようとするような振る舞い方である。

つまり、信じることの営みにとっていちばん大切なのは「根拠なく信じる」姿勢である。

では彼の何を信じるのか

何年も続く森さんの両親に対する暴言や暴力的な振る舞いからは、《信用》のひとかけらも見ることはできない。しかし《信じる》という立場からは、また別のことが見えてくる。

先ほどの「親と口をきかない」ことを守り通そうとすることからもわかるように、じつは彼自身がみずからの暴力や暴言を批判的にとらえ、直面している何らかの圧迫感や苦しさを「回避したい」という思いが一連のエピソードのなかに透けて見える。その背後には、さらに見えにくい形ではあるが、誰にとっても優しい、新たな対処方法を必死になって模索している彼の姿がある。

新しい対処法を見つけたいという点では、彼と両親と望みは一致している。親に対していかに否定的な言動をとろうとも、「見えざる本当のニーズ」としての彼自身の思い――「家族みんながもう少し安心して暮らしたい」「この巨大な圧迫感から抜け出して普通に外を歩けるようになりたい」――は彼のなかに一貫してありつづけているのだ。

私は両親に、それを信じることの大切さをまず確認した。そして、森さんと両親が対立しているように見える構造を一度ばらして、思いを実現しようとする彼なりのアプローチが、結果として、まったく正反対の暴言や暴力的な対処に結びついてしまう〝からくり〟を理解する必要があることを説明した。

灯台なしに航海はできない

「信じる」という行為が私たちに要求するのは、この八方塞りに思える状況のなかで「問題になっていること」ではなく、問題そのものの背後に見え隠れする「可能性の側面」を見通す力である。この重要性は、港に向かって嵐の海を航海する船(難破寸前!)にたとえるとわかりやすい。

家族という船のなかでは、自分たちがいまどこに居て、どこに向かっているのかもわからず、右だ、左だと進路をめぐって対立が起きている。そこで大切なのが、家族がどんな荒波にもまれようとも、変わることなく港の位置を知らせてくれる「灯台=信じること」の存在である。

森さんも含めた家族全体がどんな困難な状況のなかでも、変わらずに信じるものを灯台のようにもつことができるならば、家族という船の航海は、行き先を見失った不安と徒労から解放され、目的をもった意味のある旅に変わるだろう。もちろん最初の相談の時点では森さんとは面識がなかった私だが、その「信じること」を通じて、私は彼自身と出会ったのである。

2 私はなぜ信じることができるのか

ドアを叩きつづける不思議な人

私が実際に森さんに会うことができたのは、家族からの相談があった後に、偶然にも彼が住んでいる町にある大学で教鞭をとることになったためである。主治医に言われたとおりに服薬しながらも幻覚や妄想の圧迫によってひきこもり状態に陥った当事者や家族をどう支援するかが、ソーシャルワーカーとしての私の大きなテーマにもなっていた。そうした家族のなかに入り込み、一緒に打開策を練ることを通じて支援方法の手がかりを得たいと思っていた矢先だった。

とはいえ森さんは、人の目線におびえ、通院以外に外出することもなく、実質的に家族以外の人とはここ三年間誰とも会っていない。そこで私は彼に事前の承諾もなく、突然お邪魔することにした。両親は「事前に本人に確認する必要はないか」と相談してきたが、本人が会いたいと言う可能性はほとんどない。そこで私は「この現実を変えたい」と願う見えざる彼の思いを頼りに〝突撃訪問〟を試みることにした。

突撃訪問のポイントは、先々を考えないことである。それは一瞬一瞬に起きてくる場面や出来事に対して、そのつど状況を判断して、一歩一歩と現実に迫っていく。その瞬間瞬間にもっとも必要な言葉と一体となった振る舞いを繰り出す、いわゆる暗黙知の世界である。

それはたしかに暴挙であるが、その面では幾多の失敗と修羅場をくぐり抜けてきたという自負がある。「出て行ってください！」と警察を呼ばれたこともあるし、ドアを開けた途端に殴られたことも、玄関からつまみ出されたこともある。

しかし大切なことは、何事もなかったようにまたその人の前に出かけていくことである。警察を呼び、追い返したにもかかわらず、当事者のかかえる困難な現実というドアをコツコツと叩きつづけ、威圧する言葉にも怯むことなく、腹も立てずにたたずむ。そんな不思議な人として「関心をもたれる」ことを、私はずっと心がけてきた。

「身体の困難」としての生きづらさ

統合失調症をかかえる当事者が慢性的にかかえる幻覚・妄想状態のなかには、森さんのように服薬が守られていながら容易に改善せず、家族ともどもその対応に苦しむ例が少なくない。そのような妄想については、五感を含む「異常知覚体験が大きな役割を果たしている」ことが明らかになっている[1]。つまり、統合失調症をかかえる当事者の多くは変質した五感から伝わってくる、いびつな世界を生きることを余儀なくされているのである。

現代生理学では五感を、次の三つに分けている。

❶特殊感覚（視覚・聴覚・嗅覚・味覚・平衡感覚）
❷体性感覚（触覚・圧覚・冷覚・痛覚・運動感覚）
❸内臓感覚（臓器感覚・内臓痛覚）

こうしてみると、彼がかかえる「人から見られる」という生きづらさは、心理的なものというよりも、じつはふだんの我々と同様に実際に身体的に知覚された体験として当事者のなかに取り込まれ、根を張り、その身体で知覚された〝事実〟を、実際にはありえない「幻」として識別しなければいけないという難しさを背負っていることになる。

その意味で「病識をもつ」ということは、統合失調症をかかえているから難しいのではなく、誰にとっても困難な作業なのだ。私を含めて、ふだん、統合失調症をかかえる当事者の治療やケアに従事している医師や看護師といえども、もし彼同様の「知覚異常」が日常的に起きたならば、トラブル頻発間違いなしである。

疲労困憊した当事者の姿を暗がりのなかに見出す

統合失調症をかかえる当事者にインタビューしてみると、ここに上げた特殊感覚、体性感覚、内臓感覚という感覚全体に及ぶ知覚異常の多くが見過ごされていることがわかる。せいぜい「幻聴が聞こえる」「幻視が見える」程度の理解と把握で終わっていることが多い。

なぜその程度しか把握されていないかといえば、その感覚異常を当事者が語っていないからである。当事者の多くは、「自分に起きている異変をそのまま精神科医や看護師に伝えたら、薬が増量されたり入院させられたりするのではないか」と、知られることに強い警戒心と恐怖感をもっている。精神科医とのつきあいで当事者がもっとも大切にしていることが「決して本当のことを言わないこと」だという証言もある。[2] その結果、当事者はさらなる孤立感と苦しさをかかえることになる。

援助者は、当事者の身体の五感に張りめぐらされた保護的で過敏さを増したバリアをくぐり抜けて、その暗がりの向こう側で疲労困憊する本人を見出さなくてはいけない。そして当事者の傍らにそっと腰を下ろし、その困難さに満ちた世界を共にため息をつきながら、見渡す。そんな現実感をもってその場にたたずむことだ。

ヨロイを脱ぎ捨て
共に空を
見上げようでは
ござらぬか…
…て言ってんのに
全部
固結びにしちゃった
のでござる

「きみは偉いよ……」という声が出るとき

このように「信じる」という作業は、現実感をもって当事者を見ようとする営みである。ここでいう現実感とは、「もし自分が彼の立場だったらどうだろう」という想像力と、「彼がかかえる苦しみが自分に起きたら同じように振る舞うに違いない」という連帯感である。

そして、心の底から「きみは偉いよ。本当によくがんばってきたね。これからは一人ではなく、一緒にこの苦労を生きていこうよ。そして君の経験は、同じ困難を生きている多くの仲間や家族にとっても、とても大切な経験だよ」と語りかける。

その言葉が、当事者自身が孤独のバリアから人のつながりを取り戻す作業の「命綱」になっていくのである。

3 突撃訪問と実験

まずは言葉を変えていく

話題は、はじめて〝突撃訪問〟する場面に戻る。

「信じる」ことの取り戻しの作業を進めるなかで、まず大切なことは「言葉を変えていく」ことだ。いままでの「行きづまりの構造」から「家族再生に向けた構造変革」への第一歩は、言葉を変革し、創造していく作業である。

何気ないことだが、私は両親との会話のなかでもそれを心がけた。たとえば「人と会いたがらない」という言葉を、「人と会いたいのに会えない」と変える。次に述べる突撃訪問の場でも、私はそのことを意識して試みた。

森さんの家を訪ねたのは、午後三時を少し回ったころだった。仕事を終え、地図を頼りに家を探し当てて、表札を確認してから、少し緊張しながら一呼吸をおいて呼び鈴を押した。

一度目は何の応答もなく、もう一度押すと、「……どなたですか？」という若い男性の声がした。森さんだった。

「はじめまして向谷地と申します。……私は、ソーシャルワーカーをしていて爆発に悩む人たちと当事者研究という活動をしています。……今日は、いろいろと相談したいことがあってお邪魔しました」

ドア越しにそう言うと、森さんは、一瞬の間合いをおいて「そうですか」と言って拍子抜けするほどあっさりとドアを開けてくれたのである。

「お帰りください」という言葉を覚悟していた私にとって、意外なほど呆気なく開いたドアとお茶を用意する森さんの振る舞いに「これは行ける！」という確信が芽生えた。

予想どおり彼は「人と会いたがらない」のではなくて、「会いたいけれど会えない」で困っていたのだ。そもそも「会いにくる人もいない」状況のなかで孤立していたのである。そして、何よりも彼の不安のバリアを開かせたのは、「相談しにきた」という私自身の「無力さ」だったのである。

お母さんと話がしたい！

茶の間に案内された私は、あらためて自己紹介をした。

「こんにちは、はじめまして。私は向谷地と言います。突然お邪魔して本当に申し訳ありません。じつは前々から、近くに来る機会があったらぜひ寄って、森さんに会いたいと思っていました。私はいま、先ほど言ったように森さんと同じような圧迫をかかえながら在宅でがんばっている人たちに経験を聞かせてもらいながら、その人たちの応援の仕方を学んでいます。森さんも大変な苦労を重ねながらがんばっていらっしゃると伺って、ぜひお会いしたいと思って今日寄らせていただきました。相談をしたいこともあったので……」

そう言うと緊張の面持ちの彼の表情はうってかわり、照れくさそうに笑みを浮かべながら、「ぼくに相談ですか？……そうですか」と戸惑いながらも話題に関心を示してくれた。事前に今日の訪問を伝えていた母親も、ほどなく外出から帰ってきた。

そこで私はあらためて森さんに「いま、やってみたいことは何ですか」と尋ねてみた。すると彼は、母親のほうにチラッと目をやりながらこう言った。

「母さんと話がしたいです」

その言葉に思わず、私も母親も大笑いをしてしまった。

その場で即席ＳＳＴ開始

二か月のあいだ森さんは、「親と口をきかない」という爆発予防の自己対処を続けてきた。しかし、「話をしたいのに話せない」というジレンマをかかえる彼にとって、その方法は苦しい作業だったに違いない。「お母さんと話がしたい」という言葉を聞いて、私のなかには「この家族はもう大丈夫！」という確信が芽生えた。私は彼に言った。

「森さんの家族は本当にいい家族ですね。お邪魔して少しの時間しかたっていないんですが、そう実感しました」

一時間ほどの滞在だったが、収穫の多い突撃訪問だった。家族がいちばん恐怖していた彼の〝大声爆発〟への対処法も見つかった。シャワーの音が悪魔の声のような幻聴を伴うひどい圧迫感となって彼を襲い、彼はそれを払拭する方法として大声を張り上げていたことがわかったからである。実際それで効果があったらしい。

「そのような自分の助け方を編み出し、これまでがんばってきたのはすごいですね。しかし森さんはそのやり方に満足していますか？」

そう尋ねると、彼は、「満足してないですね」と言った。家族が感じてきた恐怖感という〝副作用〟を彼自身も自覚していたのである。

私は、これから大声をあげるときには母親に「声をあげていいかい」と聞くことを提案し、その場で即席のＳＳＴを試みた。

お風呂場をイメージして私が幻聴役となり彼の耳元でささやく。そして、彼の「声を上げていいかい」という言葉に、母親は「いいよ」と応えた。――この練習をして以来、森さんの大声爆発はおさまったのである。

後に私は彼に、爆発がおさまった理由をたずねてみた。彼はこういった。

「自分の苦しさをわかってもらえたという安心感が芽生えたら、爆発しなくなった」

突撃訪問は、森さんの閉ざされて見えにくかった世界の輪郭を露わにし、彼と家族のあいだに「つながり」を取り戻すきっかけとなったのである。

お邪魔で勝手な応援団

この突撃訪問には後日談がある。

二度目の訪問の際、帰り際に私は彼にこう言ってみた。

「森さんは、自分の助け方の技を身につけるうえで、とてもいいセンスをもっている気がするね。じつは自分の助け方の練習の基本に、〝自分が苦手に感じたことをやってみる〟という原則があるんだけれど、いまいちばん苦手にしていることは何かな?」

すると彼は「外に出て、人と会うことかな?」とポツリと答えた。

「じゃ、これからの挑戦課題は、外に出て人と会うことだね！　森さんだったらきっとできるよ」

そう言うと森さんは「いやぁ、それは無理ですね……」と言葉を濁し下を向いた。

帰り際、わたしは見送りに玄関先に立つ母親に言った。

「お母さん、急に外出の話を切り出して驚いたと思うんですが、これは私の本心です。きっと息子さんはそのことに不安を感じると思いますが、それでも大丈夫ですから……」

その訪問を終えてまもなくして、携帯電話に母親から連絡が入った。

「今日はたいへんありがとうございました。……じつは大変に言いにくいのですが、息子が『向谷地さんにもう来ないように断ってくれ』と言うんですが……」

その言葉を聞いて、私は大笑いをしてしまった。

「順調ですよ、お母さん。息子さんが外に出られて人と会えるようになることがお母さんの望みであるように、彼の望みも同じだと思います。〝いちばんやりたくないことが、じつはいちばんやりたいこと〟なんです。息子さんには申し訳ないけど、そのことを勝手に信じる感覚で、これからも応援していきませんか。森さんには、〝勝手な応援団〟をやらせていただきたいと思います。また、明日にでもお邪魔します」

自分を信じてあげることだよ

三度目の訪問は、ふたたび突撃訪問になった。

「森さん、たいへん申し訳ないね。わざわざ断りの電話をもらったんだけれど、勝手な応援団をやらせてもらって今回も来ちゃいました。ごめんなさいね。どうしてかというと、ぼくには森さんの『普通に外に出て、人に会えるようになりたい』という声が聞こえたような気がしてね。それと長年のカンでね、ちゃんと練習したら外に出られるようになる底力をちゃんと感じるし、挑戦してみる価値はあると思っているんだよ。なによりも森さん自身が、自分にはそのような力があるということを信じてあげることが大切だと思うんだよ。キーワードは、信じることだね」

そう言うとじっと私の言葉に聞き耳を立てていた彼は「そうですか。わかりました。じゃ、何をすればいいんですか？」と質問してきた。

「まず研究をすることだね。浦河では当事者研究といって、森さんのような苦労をかかえた仲間同士が、力を合わせて暮らし方や症状とのつきあい方の研究をする活動があるんだ。今日から森さんと、幻聴さんや外に出ることを邪魔する圧迫についての研究をぜひはじめられたらと思ってね。そこで生まれたアイデアは、自分だけではなくて多くの仲間を助けることにつながるし、実際に取り組んでみる価値はあると思うね。その研究のなかから新しい自分の助け方の技が生まれるかもしれないしね。その意味では、時を同じく研究に励んでいるべてるの仲間を代表して私はこの場に来ているつもりだよ」

そう言うと森さんは、力強く「わかりました」と言ってくれた。こうして森さんとの当事者研究がはじまった。

ＢＢサインの実験開始

その研究の成果は、意外なほど早くやってきた。彼が研究するなかで思いついた技、「ＢＢ（ビッグボス〉サイン」を試すための外出実験をすることになったのである。

ＢＢサインは、嫌な幻聴さんや圧迫感を感じたとき「ただいまキャッチ！」と言って親指を立ててサインを出す技である。それまでシャワーの音が幻聴のような圧迫感になって苦しくなったときに大声をあげて凌いできたのに、「声をあげてもいいかい？」と母親に確認するようにしてから大声をあげなくてもやり過ごせるようになった体験が、そこには活かされている。ポイントは「人とのつながり」である。

木曜日の夕方であった。札幌市内でもたれている統合失調症などをかかえる当事者の自助グループのミーティングに参加することを目的に、〝実験〟ははじまった。

実験の行程は次のとおりである。私の運転する車の助手席に森さんが乗り、四〇分ほど走る。いちばんの難関は、駅前の混雑した道を会場まで一〇分ほど歩くことである。

「森さん、さあ実験開始だよ。前に確認したように、対向車のドライバーの視線からの圧迫感と、街を歩くときの『きもい』などという幻聴さんや被害妄想をキャッチしたら、ＢＢサインを出す。これでいいね。それでは、実験スタート！」

「来たよ！」「ナイスキャッチ!!」

車で走り出してまもなく、森さんがソワソワしだした。チラッと彼を見ると、さっとＢＢサインが出た。

「いますれ違ったトラックの運転手がぼくを睨みました！」

私はすかさず「ナイスキャッチ！　了解！　この調子で行こう！」と言ってＢＢサインを返した。森さんはそれを見て、まるでゲームにでも興ずるように笑い出した。

ＢＢサインは、途切れることなく順調に発信された。ＢＢサインによって四〇分の行程を難なくクリアした彼は、最大の難関、「雑踏歩行実験」に挑戦した。車を地下の駐車場に置いたあと、「さあ、行くよ！」という掛け声とともに路上に出た。

駅前は、夕方の帰宅時間と重なり、けっこう混雑している。すると森さんの右手の親指がさっと上がった。

「いま、前を通り過ぎた女の人から『きもい』という声が聞こえました！」

私は「ナイスキャッチ！」と言ってＢＢサインを返した。

ミーティング会場までの一〇分は、あっという間に過ぎたような気がした。私は彼に言った。

「大成功だね。見事クリアできたね。ＢＢサインの威力はすごいね」

森さんも満足気に「ぼくもうれしいです！」とほほえんだ。

そのようにして到着した当事者の自助グループのミーティングの場で森さんは、緊張気味ながら精一杯の力を振り絞って自己紹介と自分の爆発の苦労の体験を語った。話し終えたあと彼は、隣に座っている私にむかって深い満足の表情を浮かべながら小声で話しかけてきた。

「向谷地さん、人に話すのって気持ちのいいことですね。びっくりした……」

あの女の人から「キモい」って声が…
オレ目が合っちゃったラッキー！

私はいまも、彼のその言葉が忘れられない。

4 心配も期待もしない信じ方

「良くなってきている」という実感はどこから来たか

統合失調症をかかえて入院中のＦさん（二十代・男性）を病室に訪ねた。幻聴に影響されて「死刑が宣告された」と叫ぶなど病状が不安定である。妄想的な言動によってコミュニケーションがとりにくくなると、食事や服薬も拒否的になってきて看護師の手をわずらわせていたのだが、スタッフや仲間の熱心なかかわりによって徐々にコミュニケーションをとれるようになってきた。

そんな矢先、彼が看護師に手をあげたという話が聞こえてきた。いつも熱心にかかわりをもつ看護師に対する行為だったので、スタッフには戸惑いが生まれているという。

そんな話を耳にして、私はさっそく病室に出向くことにした。

私は詰所で看護師にＦさんの病室を確認し、一緒に部屋を訪ねた。彼は昼間にもかかわらず頭からスッポリと布団をかぶり、ベッドに横になっていた。

「Ｆさん、こんにちは。向谷地です。ご無沙汰していました。今回はいろいろと大変でしたね……」

そう声をかけたが、Ｆさんは無言のままに布団の襟を握りしめ、身体を硬くしている。私はベッドの反対側に回り、「Ｆさん」と言いながら身体を揺すった。すると彼は、ふたたび身体をよじるようにして反対側に向きを変えた。

その振り向きざまに、Ｆさんの顔がチラッと見えた。久しぶりにＦさんの表情を見たその瞬間、なぜか私のなかに「あ、良くなってきている！」という実感が広がってきた。

「Ｆさん、良くなってきたね」

私はためらわずに彼に声をかけていた。

一緒に病室に足を運んでくれた看護師の表情からは、私の言葉の真意を測りかねるような様子が伝わってきた。「良くなってきている」という言葉は、看護師スタッフへの暴力的な振る舞いや、一日中布団をかぶって寝ている事態とはかけ離れた正反対なものである。しかしそれは私の、現場で培った偽らざる実感だったのだ。

みじめさに直面できる偉大な人として

Ｆさんの表情は、いままで見たことのないものだった。「死刑が宣告される」と怯えていたころの彼とは、まったく違う悩み方がはじまったＦさんを私は感じた。その表情から伝わってきたのは、苦しむべきことを苦しみ、悩むべきことを悩む素顔だといってもいい。「ちゃんと悩みはじめた！」――私は、そのことに心を揺り動かされたのである。

私はふたたび彼の耳元で語りかけた。

「Ｆさん、冗談で言うんじゃないからね。だいぶ良くなってきたよ。Ｆさん偉いよ。ちゃんと大事な苦労に向き合っている感じが伝わってきたよ。良くなるってことは、大変なんだよね。ぼくも看護師さんも応援してるからね。いろいろなことがあるけれど、悪いけど何も心配してないし、がっかりもしてないからね！」

そう言うと、布団の隙間から見えるＦさん表情がニコッと緩んだ。

「良くなる」ということは、目に見える元気さや、客観的なデータに裏づけされた回復とは必ずしも一致しない。パスカルの言葉を借りるならば「人間が偉大なのは、自分のみじめさを知っている点においてである」[3]（パンセ三九七）という人間観に通じるものがある。「自分のみじめさ」に直面するという営みをはじめたところに、Ｆさんの偉大さがある。

大切なのは、彼自身が見出した「自分のみじめさ」は、じつは統合失調症という病いの現実や今回の暴力という忌まわしい出来事を越えて、人間誰しもがかかえている「根源的なみじめさ」に通じるものである、という認識である。つまり私たちは、もし病いや人生の失敗がなくても、誰しもが十分に「みじめ」なのだ。パスカルが著した「自分のみじめさ」にはそのような深い含蓄がある。

期待の先取りではない

私はそのとき、看護スタッフへの暴力的な態度――特にいつも熱心にかかわってくれる看護師に対しての暴力――にスタッフ以上に傷つき、戸惑い、自責の念に駆られているのは、ほかならぬＦさん自身であるということを信じていた。

だからそんなときには「Ｆさん、今回のことで、Ｆさん自身がいちばん自分のしたことにがっかりして、自分を許せなくて、嫌いになっていることは、ちゃんと私たちはわかっていますよ。もし相談したいとか、そんな気持ちを話したいと思ったら、いつでも声をかけてくださいね」とコッソリと伝えておけばいい。

「信じる」ということは、目に見える否定的な現実にもかかわらず、がっかりしたり心配しないという振る舞いを私たちにもたらすだろう。そのような「現場への立ち方」を教えてくれるだろう。

ここでもう一つ大切なことがある。それは、「信じる」ことは期待をともなわない、ということである。

以前にも紹介したように、「根拠なく一方的に信じる」ということは、決して「期待の先取り」ではない。目に見える困難な現実と、そこからおのずと予測されるさらなる行きづまりを越えて、そこを生きる一人の人間の存在の重さを見失わない眼差しが人を信じることを可能にする。

『ケアの本質』の著作で知られるミルトン・メイヤロフは、「相手を信頼することは……未知への跳躍」であり、信頼するとは「まかせるということ」だと言っている[4]。つまり信じるということは、「にもかかわらず、この困難な現実を生き抜くことの主役を当事者自身に〝まかせる〟ことである」ということができる。浦河流の言葉でいえば、当事者自身が「苦労の主人公」になることなのである。

行動化に苦しむ家族と出会う

数か月前のことである。毎週一度開かれている統合失調症などをかかえる当事者の自助グループの会合が終わり廊下に出ると、一組の夫婦が遠慮がちに声をかけてきた。

「向谷地さんですか、突然押しかけて申し訳ありません。向谷地さんがときどきここに来られると聞いたものですから、ぜひ私どもの話を聞いてほしくてやってきました……」

夫婦の傍らには、実直そうな一人の青年が立っていた。時間はすでに午後九時をまわっていたが、会場の一隅にある応接室を借りてお話をうかがうことにした。両親は、応接室への移動のわずかの時間を惜しむように、息子の目線を気にしながら小声で、「息子は統合失調症なんですが、いま私たちは息子の行動化に苦しんでいます」と事情を打ち明けてくれた。

三人掛けの椅子に、青年を挟むように両親が座った。しかし両親はともに多くを語らず、その祈るような眼差しからは「向谷地さん、私たちの苦労を察してください。後はよろしくお願いします」という思いが伝わってきた。きっと、ここに足を運ぶまでいろいろなやりとりと経緯があったに違いない。また、話の仕方によっては後から「余計なことを言った」とトラブルの元になりかねないという抑制を、両親の態度からくみ取ることができた。私は「行動化」という言葉だけを手がかりに事情をうかがうことにした。

過去ではなく「いま」に着目する

ちなみに、この手の相談で私は、あまり生活歴や家族歴を詳しく確認するようなことはしない。あくまでも、必要最低限で済ませることがほとんどである。統合失調症による行動化という問題の多くは、「統合失調症という運転操作のむずかしい車をうまく扱えていない」だけだからだ。いまから三〇年前に私も自動車学校に通ったが、車庫入れと坂道発進がうまくいかずに苦労した。でもそのときに、家族歴や生活歴を聞かれなかった。それと同じことである。

私は家族歴や生活歴ではなく、まずは「いま何が起きているか」と「いままで何が起きていたか」を理解しようとする。特に着目するのは、そのことをめぐって繰り返されている「パターン」である。パターン化された生きづらさには、必ずパターン化された一つの対処行動がセットになっている。

当事者や家族に話を聞くときに忘れてはいけないのは、第一にその困難のなかでもなんとか生きようとしている家族の絆を尊重することであり、第二に「そのなかでいちばん苦労しているのは当事者自身である」という本人への深い共感の姿勢である。そしてもっとも忘れてはならないのが、どんなに深刻な相談でも、その場に「笑い」があることである。

「それは言えません」

「遅くまでお待たせしてたいへんすいません」と言いながら、緊張の面持ちの青年に私は話しかけた。

「ところで、今日ここに相談に来られたということは、いろいろな心配やご苦労があってのことだと思いますが、もしよろしかったらそのへんの事情を最初にうかがわせていただければと思いますが……」

そう言うと、青年は両脇に座る両親の方を落ち着きなく見て口ごもり、やがて意を決したように言葉を発した。

「それは言えません……」

その一言に、両親は凍りついた。困惑した表情で母親が意を決したように「ちょっと、よろしいですか」と言いながら抑え気味に言葉を挟んだ。

「発症して一〇年が経つんですが、私たちがいちばん困っているのは行動化です。幻聴の影響だと思うんですが、幻聴の言うままにどこにでも行ってしまうんです。行った先で保護されて、それで入退院を繰り返しています。薬もトラブルが起きるたびに、これ以上増やせないというほど飲んでいます……」

青年の表情や身のこなしからは、かなりの量の薬の投与が推測された。家族の話では、きちんと通院し、服薬も主治医の言われたとおり守っているが、薬剤性の肝障害までも併発していて、これ以上増やせないとまで言われているらしい。

こういうときは、決して現状の治療や関係者のケアや援助を批判してはいけない。まず大切なのは彼自身が状況を受け止め対処法が変わることである。彼自身が力をつけることによって、医師の処方も支援方法も変わってくるというのが、私の目論見である。

困っている問題とは………

さて、母親は局面を打開するために必要最小限の情報を提供した後、またじっと息子の出方を待つ姿勢へと戻った。

「お母さん、ありがとうございます。少し事情が飲み込めました。そういうことであれば、それはつらいことですね。そして、本当によくやっていますね。今日ここに相談に来ることも含めて、自分でもなんとかしたいという思いが伝わってきたのと、ご家族の絆を感じました。……それでは、話せないことは話さなくて結構ですから、話せることを話していただけませんか」

そう言うと、青年は一瞬戸惑いながら「どうしよう、話してしまっていいのかな」という表情を浮かべ、しきりに両親の顔色をうかがいはじめた。目線で両親に促されると、意を決するように一言いった。

「国際問題です！」

それを聞いて両親は、愕然とした表情を浮かべた。しかし私は意に介さない。

「じつは私はこう見えても多少は国際問題に通じているつもりですが、もしよろしかったら国際問題の中身を教えていただけませんか」

そう尋ねると青年は、よくぞ聞いてくれたと言わんばかりに語りはじめた。

ジョーダンの誘い

彼のかかえる困難は、まさしく「国際問題」であった。高校時代バスケットボール部の選手であった彼が、いまいちばん熱中しているのは、NBA（全米プロバスケットボール）を題材にしたコンピューターゲームである。そのゲームの主役は、ドリームチームを率いるマイケル・ジョーダンである。なんとそのジョーダンが、「きみは全米プロバスケットリーグにスカウトされたよ！」とテレビの画面から誘いをかけてくるというのである。

そこで彼はアメリカに行くつもりで荷物を持って家を出て、空港まで行ったところで保護されることを繰り返していた。その結果が入院であった。

こういう話題で大切なのは、「そういうことはありえない」とか「否定も肯定もせず聞き逃す」のではなく、できるだけ大げさに、かつ前向きに話題に乗ることである。

「アメリカのプロバスケットに採用が決まったとは、すごいですね！　きっと来年のいまごろは、衛星放送であなたの活躍が見られるかもしれませんね」

そう言うと、傍らで聞いていた両親の表情にも笑みがこぼれた。しかし青年は照れくさそうに「でも……、自分は、あまり気が進まないんです」と言うのである。両親にとってもそれは意外な答えだった。

「本当は自信がないのと、飛行機の乗り方もわからないので行きたくないんです！」

私がジョーダンになりますから練習しましょう

青年は、マイケル・ジョーダンの誘いを断りたいと思いながら、断りきれずに行動化を繰り返していたのである。

「そうですか。それは大変でしたね。それでは、マイケル・ジョーダンにどのようにお断りしたらいいか考えてみるというのはどうですか」と提案すると、それはいいですねと乗ってきてくれた。

「一緒に断り方を研究してみましょうよ」

さらにそう言うと、青年は身を乗り出してきた。

〝研究〟という言葉には不思議な響きがある。「研究する」と口にすると、現実の困難を一時的に棚上げして眺めわたすような気分になってくる。さらに無為な毎日のなかに「研究する」という仕事が生み出される。つまり、本人を〝精神的な失業状態〟から脱却させる力があるのだ。援助者に何より求められるのは、このような「前向きな無力さ」に立脚できる度胸とセンスなのである。

「ひとつ紹介させていただいてよろしいですか。じつはこの手の苦労には、あなたと同じような困難さをかかえた仲間の経験が有効です。これは彼らから教わったことですが、ポイントは丁重にお断りすることです。いいですか。まず私がマイケル・ジョーダンになって誘いますから、断ってみてください」

そう言って私は、ジョーダンをその場で演じることになった。

「オメデトウゴザイマース！　このたび貴方は、ＮＢＡに採用が決まりました。さっそくアメリカに来てクダサーイ」

するとと彼はしっかりとした言葉で、「ありがたいんですが、いまは行けないんです。すいません……」と丁重に断ることができた。すばらしい出来栄えであった。

ジョーダンより強敵が

「お父さんお母さん、すばらしい断り方でしたね」

そう言うと両親はうれしそうに同調してくれた。すると青年は、言いにくそうにこう言った。

「じつは……、ぼくはジョーダンを断ることはできると思うんですけど、チアガールの美女の誘いは断ることができないんですよ……」

私は、大笑いをしてしまった。傍らでは両親も口を押さえて笑いをこらえていた。

「そうですか！　それは私も断る自信がないですね!!　なるほど、むずかしい研究テーマですね。いま、みんなでちょっと考えてみましょう」

そう言うと、青年は「うーん」と言いながら真剣に頭をひねりはじめた。しばらくして彼が「いいことを思いついた！」と手をたたいた。

「いいアイデアが思いつきましたか!?　それでは、私がチアガールをしますから断ってみてください」と言って、今度はチアガールに変身した。

「○○さーん、オメデトウゴザイマース。このたびNBAにスカウトが決まりましたので、ぜひアメリカに来てクダサーイ。チアガールの私たちが待っていますよー」

青年は言った。

「誘ってもらうのはうれしいんだけど，ぼくは幻聴のあなたではなく，本当のあなたに会いたいので，今回はお断りします！」

その断り方の巧みさに，みんな笑いの渦に巻き込まれた。三〇分前の沈痛で重苦しい空気は嘘のように晴れ，楽しい談笑の場に変わっていた。

幻聴は現聴だ

私は両親に言った。

「いままで，〝声〟に圧倒されて行動化を余儀なくされてきた背景には，息子さん自身の孤独と孤立があります。浦河では，幻聴を現聴——現実に聞こえる声——と理解します。自分に起きていることが誰にも理解されていないという思いが，彼自身を無力に貶めているんです。しかし今日，何年も苦しんできた〝声〟に対して，ご本人が決して無力じゃないということがわかったと思います。私たちは，それを『自分のかかえる苦労の主人公になる』と言っています。私たちの役割は，当事者自身にその力があることを信じつづけることです。先ほどの車の運転でいえば，息子さんは立派に運転する力量と抜群のセンスがありますよ」

続けて青年に言った。

「今日の研究はすばらしかったですね。私は今日，あなたに会えたことを本当にうれしく思います。多くの行動化に苦しんでいる仲間に、とっても大きな励ましになると思います。ぜひ当事者研究という活動の仲間になってください。研究は今日はじまったばかりです。きっとさまざまな苦労も起きてきます。でも、その苦労も全部研究テーマに放り込んで、みんなでワッショイワッショイ取り組んで研究していきましょう」

そう言うと青年も「そうですね。ぼくも今日から研究します」と力強く語り、私たちは堅い握手を交わした。

電話当事者研究の成果

彼の当事者研究の実践活動がはじまり、以来、青年からときおり電話がかかってくるようになった。行動化など現聴の影響に苦しむ当事者や家族の支援では、いつでも相談に乗れる態勢をつくることが大切である。

「向谷地さん、いまお話していいですか。じつは幻聴さんがね。『向谷地を硫黄で殺す』って変なことを言ってくるんですよ。こんなときはどうすればいいでしょうか?」

「それは大変ですね。でも現聴をキャッチして、それに振り回されないで、こうして電話をかけてくれたんですね。それは自分の助け方としては大事なことです。さすがにうまいですね。逆に聞きますが、何かいいアイデアがありますか?」

すると彼は待ってましたとばかりに、「そうだね、ぼくだったらね、こう言ってやろうと思っているんだ。『幻聴さん、へへーんだ。ハラヒレ、ピーヒャラ、○×△……スッテンテーン！』」

それを聞いて私はその発想のユニークさに舌を巻き、笑いながら言った。

「さすが！　すごい！　その調子！」

こうして青年との「電話当事者研究」がはじまった。短時間での電話のやりとりだけでも、彼はさまざまな局面で自分の助け方の研究と実践を続けた。

それから四か月ほど経過したときだった。青年から電話がかかってきた。

「向谷地さん、もう行動化は止まったから……」

突然の電話に私は「え！　行動化が止まったの？」と問い返した。

「そう、もう止まったよ。だから、これを発表するから講演に連れて行ってほしんだけど……」

あまりの展開の早さに圧倒されながら私は「ぜひ行きましょう」と約束をした。

彼との講演が実現することを楽しみにしている。

何と！江戸表より そなたに 御前試合の 招待が参ったと 申されるか
はっ
ただその儀を 断わるのは さほど難しくは ござらぬ
されど――
ぬしさん いらして くんなまし～♥
吉原の 女郎衆からも 強烈なる誘いが… 拙者、これを振り切る 自信がござらぬ
成程、確かに それは難儀なこと
しかし 知恵を絞れば 道は必ず開ける！ 絶望なさるな
心して かかり申す
例えば 斯様《かよう》な話をご存じか？ ある若侍が美しい女の霊に しつこく誘われたのだが…

ひょっとして『牡丹灯籠《ぼたんどうろう》』でござるか？
左様 左様 ご存知ならば 話は早い
その若侍は全身にお経を書いて亡霊を退けたとか…
いかがかな 参考になると思われるが…
……？ 率爾《そつじ》ながら『耳なし芳一』と話がごっちゃになってござる
おお!? これは拙者としたことが
そ、そうじゃ すがる女を高下駄で蹴り飛ばし…
いやさ！ その話は『金色夜叉《こんじきやしゃ》』！ 時代考証にも難がござる
ムムム… この者、できる！
…さすれば
神父にもらった薬を飲んで死んだフリをしたのは…
ひょっとして『ロミオとジュリエット』？
「ぼくは死にましぇん」とトラックの前に飛び出し…
『101回目のプロポーズ』！
あの…芝居や、ドラマはアテにならぬってことでそろそろ本題に…
完

第4章

「聴かない」ことの力

ケアの現場は聴きすぎていた

ケアの基本は、「聴くこと」である。それに異論をはさむ人はいないだろう。

私自身が「聴く」ということの重要性に最初に触れたのは、学生時代に社会福祉方法論という講義で、カウンセリングの祖といわれるカール・ロジャースの「クライエント中心療法」を学んだときだった。三十数年前だが、いまでもそのときの授業風景が目に浮かぶ。

その影響もあって、精神科病棟の専属ワーカーとして働くようになって最初に買った本がカール・ロジャース全集であった。「クライエントの力を信頼した徹底的傾聴によって、人は自分のもつ力を見出して成長し回復する」という援助者としての基本的な態度は、カール・ロジャースを知ることによって養われたと私は思っている。

その「聴く」という行為を、臨床哲学の視点から解き明かしたのが鷲田清一氏の『「聴く」ことの力』である。

一〇年ほど前に出された本であるが、版を重ねて多くの対人援助にたずさわる関係者に深く読み継がれ、私の周囲にもファンは多い。この本は、タイトルにあるように「聴くこと」の重要性を著している。その問題意識をもっとも的確に表現したのが、「哲学はこれまでしゃべりすぎてきた……」という言葉であろう。

私は哲学のことはほとんどわからないが、鷲田氏によると、哲学は伝統的に「話すこと」の意義は論じてきたが、「聴くこと」の意義についての論議は「ほとんど、存在しないに等しい」という。

語ることがまことのことばを封じ込める、ということがないだろうか。まことのことばを知るためにこそ、わたしたちは語ること以上に、聴くことをまなばねばならない。[1]

この問題提起には、ドキッとさせられるものがある。「聴くこと」の形骸化が進んでいるようにみえる臨床現場に対する、一種の批判とも思えてくるからである。私の問題意識を鷲田氏の言葉に重ねると、「ケアの現場は、聴きすぎてきた」ということになるだろう。すなわち「聴くことが真のことばを封じ込める」ということがないだろうか。

聴いてもらうことに飽き飽きしています

そう感じるようになった一つのきっかけは、ある老夫婦の言葉である。遠路はるばる浦河まで相談にきたお二人の話はこうだった。

統合失調症をかかえる一人息子は二十代で統合失調症を発症し、すでに一五年以上が経過して、現在はほとんどの時間を家で過ごしている。トラブルの内容は、家の近くにあるレストランを訪れる車のドアの開閉音や客の話し声が「自分に対する嫌がらせ」だと言って、店に苦情を入れたり警察に訴えたりする行為が続き、両親としても対応に困り果てている。主治医からも、入院治療によっても改善する余地は少ないと言われている。老夫婦の訴えが深刻さを増すたびに薬は増えて、現在では一日三〇錠を超える量を服薬している——。

私はその老夫婦に、主治医、看護師、ワーカーの対応をうかがってみた。すると、病院の関係者はどんな時間でも家族や本人の訴えや相談をじつによく受け止め、話を聴いてくれるというのである。

「向谷地さん、変に思わないでくださいね。生意気と思われるかもしれませんが、自分の気持ちを正直に言わせていただきます。いままで息子のことでは、関係者のみなさんには、本当に一生懸命、毎回同じような私たちの生産性のないお話を、辛抱強く聴いてもらってきました。でも、言わせてください。私たちは、もう、聴いてもらうことに飽き飽きしています。こんな言い方をして御免なさい。でも本当の気持ちです。ずっと『それは大変ですね』『よく、やっておられますね』と聴いてもらって五年が経ちました。でも慰めはもう結構です。私はこの現実を変えたいんです……」

涙ながらに語る老夫婦の「聴いてもらうことに飽き飽きしています」という言葉は、ケアの現場に身を置く私自身に対する痛烈な問題提起となった。

私のひっかかり

もう一つのきっかけは、他の精神科病院医療相談室のワーカーに相談された例である。二十代の統合失調症をもつ男性通院患者さんから一日に何回も電話がかかってきて仕事にならない、ということだった。

まずは外来に電話が入り、外来では忙しさを理由に相談室へ対応をお願いするかたちで回ってくる。電話を受け取った相談室のワーカーは、まるで儀式のように決まって持ち出される不安や不調の訴えと、その後にくる世間話のような他愛のない話題を、「受容と共感」を大切に、しっかりと、長いときには一時間も延々と話を聴き、それが一日何度も続くということで困り果てていた。相談室の電話が鳴るたびに「また、あの人……」という空気が流れ、受話器がスタッフのあいだを行ったり来たりする。

「もしかしたら、ケアの現場は、聴きすぎているのではないか」という私の問題意識は、そのような事例に何度か遭遇することによって確信に近いものとなった。もしかしたら現場では、当事者や家族が求めているものとは違った「聴くことの形骸化」が起きているのではないか。

しかしこの感覚は、それほど明確で説明しやすいものではない。ふたたび鷲田氏の言葉を借りれば、「哲学はこれまでしゃべりすぎてきた」という問題意識を示すにあたって「味もそっけもない言い方が許されるとしたら」と断ったうえで、「これはわたしがこれまでのアカデミックな哲学というものに漠然と感じてきたひっかかりである[2]」と述べているその感じ方に近いものである。

老夫婦の言葉や相談室のワーカーの話を聞くたびに私のなかに浮かび上がってくる、「聴く」ことをめぐる漠然としたひっかかり。その意味を、考えてみたいと思った。

外来はゴミ捨て場じゃない

「聴く」という側面から、浦河での私自身の相談援助、精神科医の日常的な診療や対応をよく観察し振り返ってみると、一つの特徴が見えてくる。それは、誤解をおそれずに言わせてもらうと、浦河ではじつに「聴かない」場面が多いことである。先日、それを象徴するエピソードに遭遇した。

毎週月曜日は、べてるの家と浦河赤十字病院デイケアで当事者研究のミーティングが行われる日である。当事者研究とは、当事者と支援者との三〇年以上にわたる実践の積み重ねのなかから生まれた浦河発のプログラムで、当事者自身がみずからのかかえるさまざまな生きづらさを「研究テーマ」として示し、仲間や関係者と連携しながらユニークな理解や対処法のアイデアを見出して、現実の生活に活かしていこうとするところにその特徴がある。いまやこの当事者研究は全国各地に広がりをみせ、べてる祭にあわせて毎年一回、全国大会も開かれるようになっている。

その日の研究テーマがおもしろかった。「精神科外来のかかり方の研究」である。そのお題を出したのは自己病名「男性依存症」の女性メンバーだった。

当事者研究では、お題を出したメンバーがホワイトボードの前に立ち、半円に囲んだ参加者と議論を重ねる。彼女の研究動機は、「先生が私の話を聴いてくれないので外来受診のしかたを研究したい」というものである。その精神科医とは、「治せない、治さない精神科医」を標榜する川村敏明医師である。「私がね、彼氏とのことでいろいろと困って、具合の悪いことを先生に話しても、先生はその話題にほとんど興味も示さないし、『そんな話はここでしないように』と言われるし、じゃ何を話せばいいのって感じで……」と、その研究をはじめるに至るまでの事情を話してくれた。メンバーとともに当事者研究の進行役をしていた私は、さっそくアンケートをとった。

「それでは、アンケートをとります。川村先生の外来受診のとき、似たような経験がある人は挙手を願います」

するとと、川村先生を主治医としているメンバーのほとんどの手が挙がった。それを見て彼女は「へぇー、自分だけじゃないんだ」と驚きの声をあげた。それは驚きと同時に、一種の安堵感でもあった。

川村先生には解決してから報告しよう

私たちは、精神科外来受診の「傾向と対策」を練ることになった。

そこで話しているうちに、川村先生の外来受診でまったく聴いてもらえないパターンとしてあがったのが「苦労の丸投げ」である。自分のかかえる苦労を粗末にして、自分で吟味することも悩むこともせず、心のゴミを捨てるように外来の主治医の前で話すと「外来はゴミ捨て場じゃない」と相手にもされない。

ときには、「もっと楽しい話はないの？」とも言われる。ふつう病院では調子が悪いところを訴えて、医師がそれを見立てて治療の計画を立てる。しかし川村先生の前ではそれがまったく通用しないのである。

もう一つ明らかになったのが「先生に病気を治してもらおうとしないこと」だという。極めつきはあるメンバーのこんな言葉だった。

「私は、先生のところに悩みや苦労をもっていかないよ。行く前に仲間やワーカーさんに相談して、解消してからその報告を先生にします。そうすると、その結果を満足そうに聴いてくれます。それに私もいま調子がよくなってきたけど、先生のお陰でよくなったとはあまり思いません。そう言うと、先生はうれしそうに聴いてくれます」

そういえば川村先生は口癖のように「『先生のおかげで病気がよくなった』と感謝されるのは、医者としてもっとも恥ずかしいこと」と言っている。

「精神科外来のかかり方の研究」の当事者研究を行った彼女は、その成果にもとづいて今度は「男性依存のメカニズムの研究」に取り組んだ。外来受診のときには、研究の進み具合とそこから見えてきたことを先生に話すことにした。川村先生は、今度はじつに興味深く話を聴いてくれたそうである。

病気という手土産はいらない

ここで大切になってくるのが、川村先生の「聴かない」姿勢と、後半の「聴く」態度のあいだには、どういう基準があるのかということである。最近べてるに通い出した統合失調症をかかえる女性メンバーの言葉がヒントになる。

彼女は「死にたい願望」を訴えて、頻繁に救急外来受診を繰り返してきた。その彼女が当事者研究に取り組み、強迫的な救急外来受診のメカニズムを解き明かすなかで見えてきたことがある。それは「人につながる手段としての死にたい願望」である。

死にたくなると彼女は、夜中でも両親に頼み込み、病院に向かう。しかしいちばん困ったことは、「死にたい」つらさではなく、病院に向かう途中で「死にたい」という気持ちがだんだんおさまってくることだった。

病院に着く前に落ち着いてしまっては、夜中にもかかわらず自分のために待機してくれている先生に申し訳ない。そこで「死にたい」というモチベーションを維持する手立てが必要になる。どうにかして死にたい気持ちをキープして、最悪の状態で病院に飛び込むために彼女がとった手段は、「自分を一生懸命に責めて気持ちをつらい状態に追い込む」ことだった。

めでたく入院を勝ち取った彼女は、希死念慮をもつ患者として手厚い看護を受け、入院中も看護師によく話を聴いてもらったという。しかし退院後、彼女はふたたび同じ訴えを繰り返してきた。そんな自分に困り果てた彼女の苦しみは、死にたい願望の苦しさというよりも、「このパターンから抜け出せない自分に対する苛立ち」であった。

死にたい願望の背後には、医師や看護師の尊い仕事の〝やりがい〟に奉仕するために患者は常に「病気という手土産」を持参し、その結果もたらされる聴くことや投薬や処置を含むケアを通じて「人とつながる」という水脈を確保してきたというパターンがある。彼女の研究のおもしろさは、そのメカニズムを明らかにしたところにある。彼女は言う。

「私にとっては、病気じゃなくなるということは人とつながる手立てを失うことで、その恐怖感がありました」

この話を先の川村先生の「聴かない」姿勢に引き戻すと、川村先生は病気という「手土産」と、先生のお陰でという「報酬」の受け取りを断っている様子が見えてくる。

3 「聴かない」という聴き方

五分で話が終わる方法

ここで、最初に紹介した事例に話は戻る。特に二つ目の精神科病院のワーカーに相談された事例に対して、私がどのようにアドバイスしたかを紹介したい。ポイントは次の三つである。

❶「聴きすぎない」こと
❷「つながり」の保障を明確にして、「誇り」を取り戻す手助けをすること
❸新しい経験をうながすこと

私は、相談されたその場所で、即席のロールプレイをすることにした。私が相談室のワーカー役で、困っているワーカーにクライエント役をお願いした。

クライエント　もしもし、○○です。向谷地さんですか。外来に電話したら、看護師さんが忙しいので相談室に電話を回すから話を聴いてもらって、と言われて電話をしています。

向谷地　あ、そうですか。よろしいですよ。

クライエント　じつはね、午前中にも何回か電話して、話を聴いてもらったんですけど……、やはり落ち着かなくてね。イライラするし、不安になってきて具合が悪いんですよ。薬は飲んだんですけど……。

向谷地　○○さん、ちょっとよろしいですか。いろいろと大変そうですね。今日も、これで三回目の電話ということで、電話をかけること自体も気が引けたんじゃないですか。あまりしつこく電話をしたら嫌われるんじゃないかとか不安もあるなかで、私は○○さんが偉いと思うのは、一生懸命、自分を助けようとしていることです。

クライエント　え、ぼくは自分なんか助けていないような気がするんですけど……。

向谷地　いえいえ。こうして電話をかけること自体が「自分を助ける」ことなんです。いろいろな圧迫が加わるなかで、懸命にどうしたら自分を安心させることができるかを、諦めないで試みている様子が伝わってきます。すばらしいと思います。じつは、○○さんと同じようなつらさをもって苦労している仲間がほかにもいて、○○さんの経験はきっとその人たちにも役立つような気がしているんです。それと、ほかにも、もっと効果的な自分の助け方があるかもしれないので、一緒に研究をしませんか。今度、病院に来たら、相談室に寄ってください。

クライエント　あ、そうですか。ぼくは自分を助けているんですか。これでいいんですか。わかりました。今度、病院に行ったら相談室に寄らせてもらいます。

向谷地　お待ちしています。これから、よろしくお願いしますね。

もちろんロールプレイではあるが、このやりとりの時間はほんの数分だった。相談したワーカーはさっそく現場で試してみたところ、効果はてきめんだったという。電話でのやりとりは五分で終わり、これをきっかけに彼は、院内で行われている当事者研究に参加するようになった。

べてるにも暗殺集団が……

最近、おもしろい場面に遭遇した。べてるの家で当事者研究ミーティングが行われる日のことだ。いつものように階段を上り、二階のミーティング会場に向かおうとすると、会場の入り口前の薄暗い廊下の片隅にひとり膝を抱えてしゃがみこんでいる女性メンバーがいた。浦河で当事者研究留学をしている宮西勝子さんである。

統合失調症をもつ彼女は「罪業妄想」をかかえている。彼女にとっては、あらゆる事件や事故は自分のせいで起きている。暗殺者が諸悪の根源である自分を抹殺するために周囲を徘徊しているという幻影に怯え、「世界中の民衆が死刑を宣告する声が聞こえる」と言っては、自分の頭を拳でバッティングする行為を繰り返してきた。自己病名は「統合失調症自爆型自分裁きタイプ」である。自分が罪を犯しているという声が執拗に聞こえると、いかにも自分が犯罪をしたような気分になってきて自分を裁いてしまうのである。

最近まで彼女は、身を守るために郷里に近い病院に入院というかたちで「潜伏」し、夜は静脈注射を打ってもらいようやく睡眠を保っていた。そんな彼女からＳＯＳの電話がきたのは二〇〇七年一二月の上旬だった。その年の六月の当事者研究全国集会で、彼女は「罪悪感の研究」で研究デビューした。私はその大会で彼女を知り、当事者研究の切り口のおもしろさに将来性を感じて浦河のメンバーとともに交流を続けてきたが、秋ごろから体調を崩し、入院を余儀なくされていたのである。

「向谷地さん、まだ入院しているんですけど、静脈注射がなくては眠れません。院内にも暗殺集団が侵入しています……」

そんな彼女に、私は「浦河留学」を勧めた。

「浦河だったらあなたは入院せずに暮らせる人だよ。この際、浦河で当事者研究を極めてみたらいいよ。それを地元に広めるためにもね」

そんな誘いに乗り、彼女は主治医に浦河留学を相談し、事前見学を経て浦河に単身で移住し、共同住居を拠点に当事者研究に取り組んでいる。浦河に来てからも常に暗殺集団の影に怯え、ときどきバッティングを繰り返す彼女であったが、そのつど仲間がボディーガードを買って出て、べてるに通うことが可能になっている。

その彼女が、いつになく厳しい表情で廊下に座り込んでいる。私も彼女の目の前に一緒に腰を下ろし「こんにちは……、大変そうだね」と声をかけると、切迫した表情で言い放った。

「向谷地さん、ついにこのべてるにも暗殺集団が入り込んでいて、部屋に入れません！」

バッティングがはじまるのも、時間の問題だった。

「さあ行くよ！」と外に向かって走り出せ

話は飛ぶが、後にこの場面を振り返り、「もし、いままでの病院だったらどんな対応を受けただろうね」と彼女に尋ねたことがある。

彼女によると「まず、じっくりとつらい気持ちを聴いてくれて、少し刺激の少ない場所に移って休む」という対応か、「絶対叩いちゃだめよ。叩くのだったら薬を飲みなさい。頓服をあげるから」の二つのパターンが一般的だという。

しかし私がとった対応は、「さあ、いっしょに当事者研究に参加しましょう。身体の〝誤作動〟を修正するために、手をつないで行きますよ」と言って彼女の手を取り、ドアを開けて一緒に会場に入ることだった。

「いままでそういうときには同情されて十分に話を聴いてもらってきたんですが、浦河では誰も同情しないですね。会場に入れないと訴えているのに『一緒に行きましょう』って言われて、『え！ 入れないって言ったのに、これってどういうこと？』と戸惑い、最初は恐ろしかった」

そのときの気持ちを、彼女はこう言っていた。

私は宮西さんと一緒に会場に入り、そのままホワイトボードの前に立ち、即興で当事者研究をはじめた。お題は「罪悪感の研究」。司会は、統合失調症をかかえる当事者スタッフの伊藤知之さんである。

このような場面で大切なのは〝勢い〟である。

洞察したり、内面を見つめたりせず、自分自身の内側に向かおうとする強烈なエネルギーから彼女を解き放ち、現実の人と人とのつながりという外に向かって「さあ行くよ！」とテンポよく一緒に走り出す感覚が重要になってくる。

まずは肩に触れ、握手をしてエネルギーをもらう

「では、これから当事者研究をはじめます。いま彼女は幻聴さんに影響された罪悪感で死刑になってもおかしくないほどの圧迫で苦労しています。研究をはじめる前に、まずみなさんから力をいただきたいと思います。司会の伊藤さんは、生きるエネルギーがものすごく豊かな人です。伊藤さんからエネルギーを分けてもらいましょう！」

そう言って私は彼女に伊藤知之さんの肩に手を置くように促した。彼女は、伊藤さんの肩に手を置き、視線を落としてしばし佇んだ。

「……さあ、伊藤さんから応援の力を送ってもらいました。それでは、罪悪感が頂点に達して死刑寸前になっているなかで、これまでのつらさが10だとしたら、いまはどうなりましたか」

するると彼女は力強く言った。

「７になりました。懲役二〇年くらいです」

その場には「オー！」という驚きの声とともに、笑いが起きて拍手が沸きあがった。

「やはり伊藤さんの力はすごいですね。それでは、参加者の皆さんからも力をいただきましょう」

私は彼女を参加者のもとに誘導し、一人ひとりと握手を重ね励ましの言葉をもらった。その握手で、

7の圧迫がさらに6.8に低下した。あとで聞いた彼女の感想では、その時点でも「誰が暗殺者かわからないので、すごくビクビクしていた」という。それを考えると、伊藤さんからエネルギーをもらって下がった「3」が、いかにすごいかがわかる。私はそこであらためて参加者とともに伊藤さんに拍手をした。

〝どんだけサイン〟で執行猶予に⁉

次に行ったのが「サイン」の開発だった。幻聴さんに圧倒され、自分の望む行動をとりにくくなっている当事者への支援のポイントは、「人と人とのつながり」の具体的な接点を、生活の場につくりだすことである。いまや当事者研究を通じて〝開発〟された幾多のサインが、自分の助け方の一つの技として、統合失調症をかかえる人たちの生活を支える大切なツールとなっている。

「それでは、これからみんなで一緒に罪悪感のレベルのサインを考えましょう」

すると彼女はさっそくデイケアの仲間から提案されたサインを披露した。

「じつは、私もひそかにサインが欲しくて、仲間に相談していたんです。そうしたら仲間が〝どんだけサイン〟を提案してくれました」

それは流行語の応用で、今日のつらさのレベルを「どんだけ〜」と人差し指を立て、左右に振りながら彼女に確認するサインである。すると、彼女も「こんだけ〜」と同じく人差し指を立て、左右に振りながらそれに応える。振り幅が大きいほど圧迫のレベルが高いことになる。車のワイパーのように一八

どんだけ〜〜〜？
わっわっ!!
※抜刀したままの「どんだけ〜」は大変危険です。

〇度振り切れたら「死刑」のレベルの圧迫感である。それを彼女が披露すると「それはおもしろい！」と大受けで、会場はどっと笑いに包まれた。

「それでは、〝どんだけサイン〟を実験してみましょう。みなさんは、『どんだけ〜』と声をかけてください。さあ、それではいきましょう」

参加者が一つになって「どんだけ〜」と指を振った。すると彼女も「こんだけ〜」と言ってサインを返した。指の振れ幅は小さい。

「つい先ほどまで、死刑寸前の圧迫レベルでしたが、〝どんだけサイン〟を活用したいまはどのレベルですか」と聞いてみた。

「そうですね。いまのレベルは3です。執行猶予になりました」

その一言で拍手が沸きあがった。当事者研究がはじまってから一〇分あまりの時間で、圧迫度が死刑レベルから執行猶予レベルにまで下がったのである。何が功を奏してレベルが下がったのか聞くと、彼女はこう答えてくれた。

「サインをすることによって、みんなとつながっている実感が伝わってきます」

「そばにいる」とは、量的な感覚ではないか

いままでもいろいろなサインが開発されてきたが、どのサインも同様に「人とつながっている実感」をもたらす有効なツールとなっている。それは、鷲田氏のいう「だれかがそばにいる感覚[3]」に近いもの

のように思う。なぜなら統合失調症をかかえる人たちの苦しみの中心には、常に「だれもそばにいない感覚」があるからだ。だからみんなは休日と夜間に弱い。人の気配が静まると〈お客さん〉がやってくるのだ。

そのような「だれかがそばにいる感覚」は、一対一でじっくりと対面する構造からだけでは生まれにくいと私は思っている。この感覚は、限りなく「量的」なものだからである。圧倒的な幻覚や妄想のエネルギーを反転させるためには、それを上回る具体性で実感できる人のつながりの「総量」を増やす必要がある。しかも大切なのは、できるだけ多様で「生活感」に満ちたパワフルなつながりの確保と蓄積である。

私は後日、彼女に、廊下に座り込んでいた場面で「聴かない」対応をしたことについて感想を聞いてみた。

「もし、あそこで時間をかけてつらさを聴いてもらって、刺激の少ないところで休息をとったら、いちおうその日は軽いバッティングで終わったと思うけれど、けっきょくみんなとの溝が埋まらずに、同じことを延々と繰り返してしまい、そのことでさらに自暴自棄になる悪循環にハマったと思います」

彼女はそう語ってくれた。

うれしくて、つらい

そこから導き出されるのが、じつは、単純に「聴く」ということが、その悪循環の推進役になってしまうことも多いという事実である。彼女の前の病院での体験がその典型だ。

「死にたい願望」の女性メンバーもそうである。彼女の場合は、訴えが訴えだけに、家族や関係者は内心緊張しながら対応を迫られる。そんな彼女の「死にたい」という言葉の背後には「生きたい」という切実な願望があったということが、その後の当事者研究を通じてわかっている。

「死にたい」と訴える彼女がいちばん困ったことは、死にたいという気持ちを家族や関係者に真正面から受け止められ、受容されることだった。それに対して浦河での対応を、彼女は「聞き流されているけれど、せき止められていない感じ」と表現している。そして、「真剣に聴かれれば聴かれるほど、自分の病気から降りられなくなる」と言うのである。それは「うれしくて、つらいみたいな感じ」だとも言っている。

パーソナリティ障害系の女性メンバーは、当事者が巻き起こすさまざまなエピソードの背後には「相手が信頼できる人かどうかを探っているような感覚」があり、「延々とこっちの言っていることを聞いてくれるような人だと、この人に相談しても信用できないな、みたいな感じになったり、ただ聞いてくれているだけだと思ったりで、本当に自分の力を信じて対応してくれているのかという疑いを感じる」という。

私が「聴かない」ことによって、仲間に「聴かれた」

その意味で「聴く」というのは、決して方法ではない。むしろ、態度に近いものである。かつてカール・ロジャースも「傾聴の技法化」に陥らないように，傾聴のベースには「一人の人間の持つ重み，そのかけがえのなさ」に対する十分な認識が重要だと述べている[4]。

もし聴くということが「ただ，そばにいること」のもっとも象徴的な行為であるとするならば，前述のエピソードは「〝聴かない〟という聴き方」と表現することもできる。その意味で浦河では，聴くということは一対一の関係を超えて「共に聴く」という共同的な行為としてある。大切なことは「一人で聴かない」ことなのである。彼女は，私が「聴かない」ことを通じて，仲間に十分に「聴かれた」のである。

4　開かれた聴き方へ

「聴かない」という聴き方について

ここまでは「聴かない」ことの大切さという視点から，聴かない実践例を含めて紹介した。

統合失調症による罪業妄想をかかえた宮西勝子さんが自罰行為として頭部へのバッティングをしようとした際に，私が行ったのは傾聴ではない。幻聴の支配から脱却して，現実の仲間とのつながりの優位さを取り戻すための「共同作業」として，あえて彼女が参加を渋っていたミーティングに一緒に走り出すことであった。この場面にすべてが集約されている。

まずはこのことを整理してみよう。

（1）まず、ケアの基本は「聴く」ところにある。

（2）しかしその聴き方には「傾聴」というスタイルと「聴かない」という聴き方がある。特に、統合失調症をはじめとする精神障害をもった人たちのかかわりにおいては、場面によっては一対一の過度な傾聴はむしろ当事者にいっそうの不全感と孤立感を生じさせる可能性がある。

（3）そこで浦河では、「聴く」ということは一対一の関係を超えて「共に聴く」という共同的な行為としてある。

（4）つまり「一人だけで聴かない」というスタンスが重要であり、「共同体の入り口」として援助者との出会いがある、という考え方を大切にしている。

しかし、このような「聴かない」という聴き方については、もう少し踏み込んで説明する必要がある。なぜならば、精神科病院や援助機関などで治療や相談援助を受ける経験をした当事者の話をよく聞いてみると、かれらは予想以上に「聴かない」という対応を受けているからである。

「死にたい」と言っては精神科の救急外来を受診し、入退院を繰り返してきた女性メンバーを先に紹介した（九三頁）。彼女は、医師をはじめスタッフから「あまり話さないように」と言われ、「聴いてほしかったのに聴かれなかった」体験も語っている。それはなぜか。あまり話しすぎると過去の心の傷にさわり、封印されていたつらい記憶が蘇ることによってさらに不安に陥り混乱が増す、という気づかいからである。これも、現場に定着している「聴かない」アプローチの一つともいえる。

また、虐待を受けた少年たちを多くケアしている児童自立支援施設を訪問したときの説明でも、基本的に少年たちの虐待経験については「へたに傷にさわるとあとが恐い」という理由から、「触れない」「聴かない」という対応を基本にしていると聞かされたことがある。

「閉じた」聴き方と「開かれた」聴き方

しかし浦河では、このような場面では逆によく「聴く」というアプローチをとることが多い。浦河を訪れる多くの当事者に共通しているのが「はじめて聴いてもらった」という感想である。代表的な例が統合失調症サトラレ型の清水里香さんである。

彼女は主治医に、自分の考えていることが周囲に漏れ伝わる恐怖と羞恥心を話し、「自分は超能力者になってしまった」と打ち明けた。主治医はじっと聴いてくれたけれど「信じてもらえたようには思えなかった」という。それは彼女を失望させた。縁あって浦河に住むことになった彼女が、川村先生の外来を受診したときのことをこう綴っている。

病気のことで自分が肯定されたのもはじめての経験でした。〔…〕「私はエスパーだ」と言っても、ちゃんと理解してくれているんだとわかったとき、ほっとしました。それは、私自身が誉められたというのではなく、七年間悩み苦しんでいた病気の経験を認められたような感じがしたからです。

ここでおもしろいのは、清水里香さんが前にかかっていた精神科医も、ちゃんと「聴いている」ことである。同じ聴くというスタンスをとりながら、清水さんは、いままでは「聴かれていなかった」と感じ、浦河でようやく「聴かれた実感」を得ることができたのである。

それと似たエピソードがある。先に紹介した宮西さんのかかえる頭部へのバッティングに対して、前の病院のスタッフは、私たちが足元にも及ばないほど彼女のつらさを熱心に「聴く」という対応をしてくれ、特に担当のソーシャルワーカーは毎日一時間は話を聴いてくれたという。さらには、当事者研究やSSTにも理解があり、統合失調症をかかえた当事者自身が、体調や生活上の出来事をセルフモニタリングし、適切な自己対処のスキル（コーピングスキル）を身につけるために、ロールプレイなどのプログラムを通じたアプローチが重要であることについても、スタッフには異論がなかったという。

そこで私は宮西さんに、いままでと浦河での聴き方の違いについて尋ねてみた。すると彼女は、おもしろい表現でその差異を説明してくれた。

いままでは、彼女とスタッフとの間で自己完結する「〝お姫様だっこ〟型の聴き方」をしていたのに対して、浦河の聴き方には、自分とスタッフの関係のなかに、「仲間がダイナミックに〝割り込んでくる〟展開のおもしろさがある」という。

ここでわかるのは、聴き方には《閉じた聴き方》と《開かれた聴き方》があるということである。《閉じた聴き方》は当事者とスタッフの両者の間で自己完結する聞き方だとするならば、《開かれた聴き方》は、新しい人とのつながりや出会いの可能性に開かれた聴き方ということができる。つまり、同じように聴かれていても、《閉じた聴き方》では、当事者自身につかの間の充足感が得られるだけで、さらなる不安や孤立感をもたらすことがわかる。

御姫様抱っこ改《あらため》である！シンミョーにいたせ!!
われらも話に混ぜて

感情の受容はもういいんです

ここまでをまとめてみよう。

■統合失調症をもつ人との間に成立する「聴く」という行為には、閉じた聴き方と開かれた聴き方がある。

■閉じた聴き方は、形の上では「聴く」というスタンスをとりながらも、当事者自身が「聴かれた」という実感を得ることは難しい。

■お互いの「聴かれた」実感や手応えの乏しさが、「聴きすぎ」を招きやすい。

■一方、開かれた聴き方では、傾聴を基本としながらも、「聴くことの共同性」を重視している。

■その聴き方が志向しているのは、より身体的な実感——上手になった感覚、腕があがった実感——を伴った、新しい肯定的な現実を共有する場の創出である(浦河でのミーティングや当事者研究のなかで、ロールプレイや身体活動を伴うプログラムが多いのも、そういう背景があるからである)。

では、なぜ先に紹介した清水里香さんや罪業妄想をかかえる宮西さんが経験した聴かれ方が、当事者自身に「聴かれた実感」をもたらさなかったか。それは、「聴く」という行為は、主として感情に焦点が当たり充足感が得られるのに対して、統合失調症をもつ当事者のかかえる危機の本質は、存在そのものにあると考えるからである。

日常生活を過ごすうえで直面する人間関係を主としたさまざまなジレンマや葛藤は、それを人に語り、聴いてもらうだけで安心し、解消されることが多い。しかし統合失調症はそうはいかない。何回か紹介しているように、統合失調症をはじめとする精神障害には、そのベースに「現実との生命的接触の喪失」[6]の危機があるからだ。

たとえば妄想が「環境に対して意味づけをして、現実を歪曲することで、精神的な過緊張を和らげようとするためのもの」[7]であるように、そこには常に〝つながりへの欲求と喪失〟という、人として存在しつづけることの危機が内包されている。その意味でも、統合失調症をもつ人たちの回復には、聴くことを最初の契機とした生命論的な〝つながりの回復〟が必要不可欠なのである。

先に紹介した清水里香さんの主治医や罪業妄想をかかえる宮西さんの訴えを熱心に「傾聴」したスタッフに必要だったのは、聴いたあとの具体的なつながりの保証であり、自己完結的な聴き方からの脱却だったのである。

5　「一緒に考える」ということ

援助者は素性が見えにくい壁であってはいけない

そのことを、〝自分のコントロール障害〟を体験した西坂自然《じねん》さんは、「会った瞬間にこの人も自分と同じ人間だと実感できる」つながりと表現している。また、先に紹介した統合失調症爆発型の森亮之さんも、最初の私との出会いを「妄想の壁を潜り抜けて自分に人間としてぶつかってきてくれた感覚」と述べている。

しかしその実感は、カウンセリングの場では、ともすると援助者が、「相手に対して素性が見えにくい存在」に徹しようとすることによって、得られにくくなってしまっている。それは当事者が、両親など身近で重要な人物に向けていた抑圧された感情や反応を、援助者側に向けて〝揺さぶりをかけてくる〟ことへの予防法として教育されてきた（これについては次章で詳しく取り上げる）。

しかしそのように配慮された「徹底した傾聴の態度」は、ときとして援助者がもっている人間としての味わいや生活感までも削ぎ落としてしまう。当事者の側からすると、同じ人間としての実感が伝わってこない。西坂さんの言葉を借りるならば、まるで〝壁〟と話しているような感覚に陥らせ、傾聴の形骸化をもたらすことが多いのである。

「一緒に考える」という聴き方

私は、何人かの統合失調症やパーソナリティ障害系のメンバーに「聴く」ことをめぐってインタビューを試みた。単刀直入に尋ねたのは「私（向谷地）の聴き方の特徴」である。

いちばん参考になったのは、先に紹介した西坂自然さんから寄せられた「〝自分で考える〟という大事な種みたいなものを奪わないところがいい」という言葉だった。

大学で心理学や福祉を学んだ経験をもっている彼女は、「大学では〝傾聴する〟ことは習うけれど、〝一緒に考える〟ということは習わなかった」と言う。

「実際に病院に入院したり、通院したりするなかで出会った精神科医、看護師、ワーカーは、たしかに熱心に聴いてくれ、自分のことを受け入れてくれた感じはしたが、肝心の〝その問題についてどうするか〟について の解決や解消を一緒に担ってくれる人は少なかった」

さらに彼女は次のように現場の課題を鋭く指摘してくれ、なるほどと思わされた。

「『聴いてほしい』というなかには〝自分の感情をどうにかしたい〟という気持ちにかかわる動機と、〝問題を解決したい〟という具体的な現実的な対処を知りたいという動機がある。多くの場合、気持ちにかかわる部分はたくさん聞いてくれるけれど、現実的な対処について一緒に考えてくれる人は少ない」

宿題が手元に残ること

西坂さんの言葉を続けよう。

「向谷地さんに話すと〝自分の問題の対策本部〟ができたような気がしてとても心強くなります。そして現実的にすぐ実行可能な具体的な指針が出てきます。向谷地さんに自分の言いたいことを言って気持ちを整理できたあと、電話を切ってからも〝自分でやってみること(宿題)〟が手元に残るのです。それは自分だけで考えたものでなく、〝一緒に考えてくれたもの〟です。私にとってはそこにも意味があって、たとえどんなに的外れなものであっても、一緒に考えてくれたものは一人ぼっちじゃなく、相手が入っているのです。だから一人でやってみることはみるけれど、孤独じゃない」

この感覚は、当事者研究の真髄を言い当てている。そして、「現実的にすぐ実行可能な具体的な指針」と彼女は語っているが、これは以前に述べたように、精神障害をもつ当事者の生きづらさの多くは、

「車の運転の仕方がわからない」状況に似ており、具体的・操作的なアプローチで軽減されることが少なくないことを指している。

例をあげると、以前に西坂さんから「家に帰ると急に不安になって子ども返りして、駄々っ子のように泣きじゃくるのがとまらなくなるんです。自分に大丈夫だよと必死になって声をかけるんだけど、駄目なんです……」と電話がかかってきたことがある。そんなときでも、私は長々と彼女の悩みを聴かない。

「そうか、いろいろと自分の助け方のツボを探しているわけね。さすがだね。でも悲観することはないよ。ほかの仲間の経験によると、もう一度、丹念に子ども返り状態のスイッチがどこにあるか探してみたらといいと思うけど……。するとね、きっと子ども返りという状況が、いまなぜ自分に必要なのかがわかると思うよ……」

そう言って電話を切って、二〇分ほどすると彼女から再び電話がかかってきた。

「向谷地さん、見つかったよ！　私ね、ずっとお父さんから圧迫を受けてきたのね。だから、お母さんが買物に行ったりしてお父さんと二人きりになると『お父さんに何か言われるんじゃないか』という〈お客さん〉のスイッチが入るんです。そうすると子ども返りという防御反応がはじまるんです。だから、ただ大丈夫だよと自分に言うんじゃなくて、『お父さんは、もう、昔のお父さんじゃないよ。私も年取ったお父さんには負けないから大丈夫』って具体的に自分を励ましてあげたら楽になりました！」

対話に必要な三つの態度

以上のような体験から、彼女は「一緒に考えること（対話）」のポイントを三つあげてくれた。

A 「一人ぼっちじゃない」ということがわかること
B 「自分にも何かができるんだ」ということがわかり、実際にそれを行動に移せること
C 自信がつくこと（自分で自分のことを考えて、自分で決めることができるようになること）

そして、それを可能とする援助職としての必要条件は次の三つである。

❶それを見守っていてもらえること
❷終わったら報告できること
❸結果について否定せずにまた一緒に考えてくれること

それは、森亮之さんの「電車に乗れない」という相談にも共通している。彼によると、電車に乗ると周りの乗客の視線が気になり、途中で降りたくなるという。そこで「いままでは、電車に乗らない、途中で降りるという自分の助け方をしていたということだね。じゃ、それに変わる新しい方法を一緒に研究して、開発しよう」と言って、あえて電車に乗って〝実験〟することを勧めた。後日、彼からメールが届いた。

「向谷地さん、成功したよ。目線が気になったときに、ストレッチの感じで肩を動かしたり、顔をマッ

サージしたら楽になったよ！　俺ってすごい！　ワーイ！」

私は、この森さんのメールを読んで当事者はりっぱな「アスリート」であることをあらためて実感した。

一緒に考えてくれる人間と同時に自分が現れる

最後に、この「聴かないことの力」にふさわしい言葉を、先の西坂さんが寄せてくれた。

一方的に聞き役にまわられると、相手の存在が見えなくなります。相手がどういう人間なのか、どんなふうに考えるタイプの人なのかが見えません。すると、しゃべったことが一方通行になって、問題が自分に返ってこないのです。どんな形でもいいからその人がどう考えるのか、どう思ったのか返してもらわないと、その次の「自分で考える」「自分で動いてみる」作業ができないのだと思います。

一緒に考えてくれるときの相手は、いつも自分と同じ目線の高さにいます。上から言われる感じも下から言われる感じもしません。「同じ目線だ」と感じます。それに「これが人間だ」と思ってうれしくなります。しかも「こんなちっぽけな自分のことを一緒に考えてくれるのはなぜか」とも思います。

でもそうやって同じ目の高さで話してくれているうちに、私は「ああ、自分はそんなにちっぽけなものじゃなかったのかもしれない。こんなふうに一緒に考えてくれるということはこの人は自分の存在も自分のできる力も信じてくれているし認めてくれているんだ」と思います。だから一緒に考えてくれる相手が現れると、同時に自分が現れることになるのです。けっきょく人間は、人間がいないと、自分がいるということに気づかないのかもしれないと思います……。

共に考えること、それは当事者と共に現実の困難に連帯しながら、同じ苦労の目線で〝同労者〟として歩もうとするあり方である。私は、この「聴く」という関係のもつ可能性の一つに、「共に弱くなること」があるような気がしている。別な言い方をするならば、聴くという行為は、当事者のかかえるさまざまな困難な現実に、「共に降りていく」プロセスとしてである。その降りていくことを具体的に実現するうえで大切なのが、「共に考える」関係——研究的な対話関係——である。

《開かれた聴き方》が、誰かがそばにいる感覚を自らのなかに具体的に取り戻すためのプロセスの入り口として重要だとしたら、《研究的な対話関係》は、聴くという行為を、具体的に人と人を結びつける手立てとして役立てるばかりではなく、「悩み」という形で個人のなかに取り込まれた生きることの課題を、いまを生きている人たちとの意味ある共通のテーマとして時代に開いていく契機となる。

私は、浦河からはじまった当事者研究という発想には、その理念が反映されていると思っている。

第5章 人と問題を分ける

1　生きる知恵としての「外在化」

〈幻聴さん〉と名づけることの意味

べてるの家のメンバーが悩みや苦労を語りあうなかで、「外在化」という言葉が最近よく登場する。外在化とは一言でいえば、「人」と、その人がかかえる「問題」を分けてとらえる知恵、である。そのことを象徴する言葉に「人が問題なのではない。問題が問題なのだ[1]」がある。

さらにべてるの家では、たんに分けるだけではなく、問題そのものにユニークな脚色をほどこし、その人自身と対等な存在として扱おうとする。たとえば、忌まわしい幻聴を〈幻聴さん〉と呼び、人の行動に否定的な影響を与える認知や思考を〈お客さん〉と呼んだりする。

この幻聴さんやお客さんは、日常のコミュニケーションにまで進出しているのが特徴だ。統合失調症で幻聴をかかえるメンバーに「幻聴さんは元気？」と本人ではなく幻聴さんの体調や気分を聞いたり、「○○さんのこと、あまりいじめないでね」と幻聴さんにお願いしたりすることもある。あるいは、マイナス思考に苦労するメンバーに「最近のお客さんの入りはどう？」と声をかけると、「今日は千客万来だよ。商売だったら大もうけ」と答えたり、「お客さん@.com（＝お客さんあっというまにドット混む）だな」なんていう珍語が生まれたりする。

この浦河で培われた外在化の文化を丹念に見ていくと、三つのタイプに分かれる。それは、自分のかかえた苦労を〝外に出す〟外在化と、自分のかかえた苦労の〝外に出る〟外在化、そして、自分のかかえた苦労を他のものに〝置き換える〟という外在化である。

では、この外在化はどこからやってきたのか。ルーツを探れば、二〇年以上前に遡ることになる。

アンパンマンに苦労を託す

過疎化が進む北海道浦河町という小さな町の片隅で、統合失調症などの精神障害をもつ有志が地場の日高昆布の袋づめの下請け作業から出発し、日高昆布の産直に挑戦した。しかし販売部長の早坂潔さんは年度末になると決まって〝ぱぴぷぺぽ〟状態に陥った。身体が固まったり「おっかねぇ！」といって突進発作を起こして入院してしまうのだ。

年中行事のように繰り返されるそんな状態に苦労しながらも、茶の間には《主治医川村先生推薦、早坂潔発作防止用ハンマー》と命名されたアンパンマンのおもちゃのハンマーが置いてあった。ご飯茶碗を持ったまま動作が止まった潔さんの頭をそれでピコ！　と叩くとなぜか効果があり、潔さんは箸を動かしはじめる。

幻聴や被害妄想に影響された苦労ばかりではなく、潔さんの〝ぱぴぷぺぽ〟状態のような行動上のトラブルも場全体を落ち込ませてしまうものだったが、私たちはそんな困難の解消をアンパンマンに託した。すると、お助けマンとしてやってきたアンパンマンの活躍によって見事にその場に余裕が生まれ、生きづらい現実は「生きやすい現実」へと変わったのである。

飴玉一つの外在化

浦河ではいたるところでユニークな外在化の実例と出会うことができる。

幻聴に苦しむ一人の統合失調症をかかえる女性メンバーが、救急外来を受診した。彼女は、浦河に来る直前まで、「幻聴がつらいので注射を打ってください」と昼夜かまわず強迫的な外来受診を一〇年以上も繰り返してきたというエピソードをもっている。彼女はいつものように注射を希望したが、浦河の主治医は「注射を打ってほしくて浦河に来たのかい？　いまのあなたのつらさは医者によって治療される問題ではなく、仲間に相談するテーマだ」と言って、何の処置もしなかった。しかたなく彼女は、幻聴のつらさをミーティングで話した。

ミーティングの帰り際、仲間の一人が「たいへんだね。がんばってね」と声をかけて、彼女の手に飴玉を握らせてくれた。その飴玉を口に入れたとたん、彼女の忌まわしい幻聴はやわらいだのである。仲間の思いやりが、軽い「飴玉一つ」に象徴され、外在化されたとき、彼女のなかで何かが「解消」されたのだった。

にもかかわらず、生きる

外在化という言葉には、「内側にあるものを外側に出す」という単純なイメージとは違う響きがある。ただ外に出すだけでなく、そこには常に現実に対する一貫した肯定が伴っているように思う。つまり、否定的で無意味にしか思えない内側に滞ったつらい事柄が、外に出すことを通じて肯定的な意味をもつ出来事へと変化するのだ。

それを別な言葉に置き換えると「生きる勇気を取り戻す作業」ということもできる。アメリカの思想家であり神学者であるティリッヒは、生きる勇気とは、「自己自身を肯定することを妨げようとするものに抗して〝それにもかかわらず〟自己を肯定すること[2]」だと述べている。その文脈に照らし合わせるならば、このような生き方が浦河で早くから芽生えた背景には、「自己自身を肯定することを妨げようとする」当事者をとりまく厳しい環境と、過疎化の進展という地域全体がかかえる圧倒的な脆弱性があったといえるだろう。

そして、じつは外在化という知恵は、あとから述べるように、毎日毎日押し寄せる当事者の切実な悩みをそのままではかかえきれない、私自身の脆弱性がもたらしたものでもあった。

ＳＳＴで統合失調症者観が一変

私たちはこのように、外在化を通じて、現実に向き合う態度、立つ位置、意味の切り出し方、といったことを見つけながら日々を暮らしてきた。それは、「生き方としての外在化」といってもいいだろう。しかし一方で、もっと具体的な方法としての外在化という切り口の必要性をも感じはじめていた。その契機となったのが、これまで何度も紹介したように、一九九一年のＳＳＴとの出会いである。

ＳＳＴでは、幻覚や妄想などの症状の変化を当事者自身が常に「セルフモニタリング＝自己監視」

し、SSTのプログラムを通じて適切な対処方法を練習し、実際の生活場面に活用する。これまで病識をもつことができない、といわれていた統合失調症をかかえた当事者が、症状をセルフモニタリング＝自己監視して練習に励む。そんなアプローチを取り入れることによって、私の統合失調者観は一変した。

しかし、「一変した」というのは、まだまだ浦河だけの実感で、いま全国各地でSSTをプログラムに取り入れている現場で、そのような手ごたえを感じているスタッフは少数かもしれない。それというのも、講演先でたびたび質問されるのだが、いまだに精神医学の伝統的な枠組みにとらわれ、「当事者に、幻覚や妄想の中身を質問することはタブー」と考えている専門スタッフが多いからである。

ただここで注意してほしいのは、「症状を当事者自身がモニターして自己対処をする練習」といっても、私たちは「病識＝病気に対する科学的な自己理解」を重視しているわけではない。極端なことをいえば、病識がなくともSSTは成立する。大切なのは「病識」ではなく「問題意識」なのである。現状をつらいと感じ、安心を求め、孤立から抜け出したいと切実に願っていれば、それでOKなのだ。この病識のテーマは、次章で再度取り上げることにする。

「患者が真ん中」ではない

SSTは、アメリカのR・P・リバーマンらにより、統合失調症などの精神障害に対応したアプローチとして普及してきた。その効果についても科学的な検証を経た根拠をもったプログラムであるが、私にとってはそれ以上に、自然な形で当事者のかかえる現実の生きづらさを外在化してくれる有効なツールであった。

ＳＳＴでは、従来のように自己洞察や環境調整によって問題を解決するのではなく、自分のかかえた生きづらさをセルフモニタリングして対処法を練習する。その時点ですでに「起きている問題」と、「その対処に困難をかかえている当事者」は分けられているのだ。

統合失調症をかかえる当事者のなかには、幻覚・妄想と現実を判別することが難しいため、周囲とトラブルに陥る人たちがいる。その結果生じる周囲の人間との亀裂は、本人をさらなる孤立に追いやってきた。しかし人と問題が分けられたあとの当事者は、「統合失調症で問題行動を起こす人」から「統合失調症をかかえて症状への自己対処に困難をかかえている人」へと、その姿を変えているのである。

このような構造をもつＳＳＴの導入は、薬物療法に極端に偏った精神医療の構造をも反転させうる可能性をもっている。つまりＳＳＴは「精神科医がどう治すか」という問題を、精神科医をはじめとする専門スタッフと病気をかかえる当事者・家族が、病気という問題を真ん中に置き、互いに連携しあう構造へと変わることを志向したプログラムなのである。

ここで間違えやすいのだが、「当事者」と「問題」を一緒くたにして真ん中に置いて、まわりの援助者たちが問題解決について話し合うのではない。病気という問題を真ん中において、当事者も家族も専門スタッフと同じ立場で課題を担いあう——そんな関係を現場にもたらしたのだ（次頁図）。

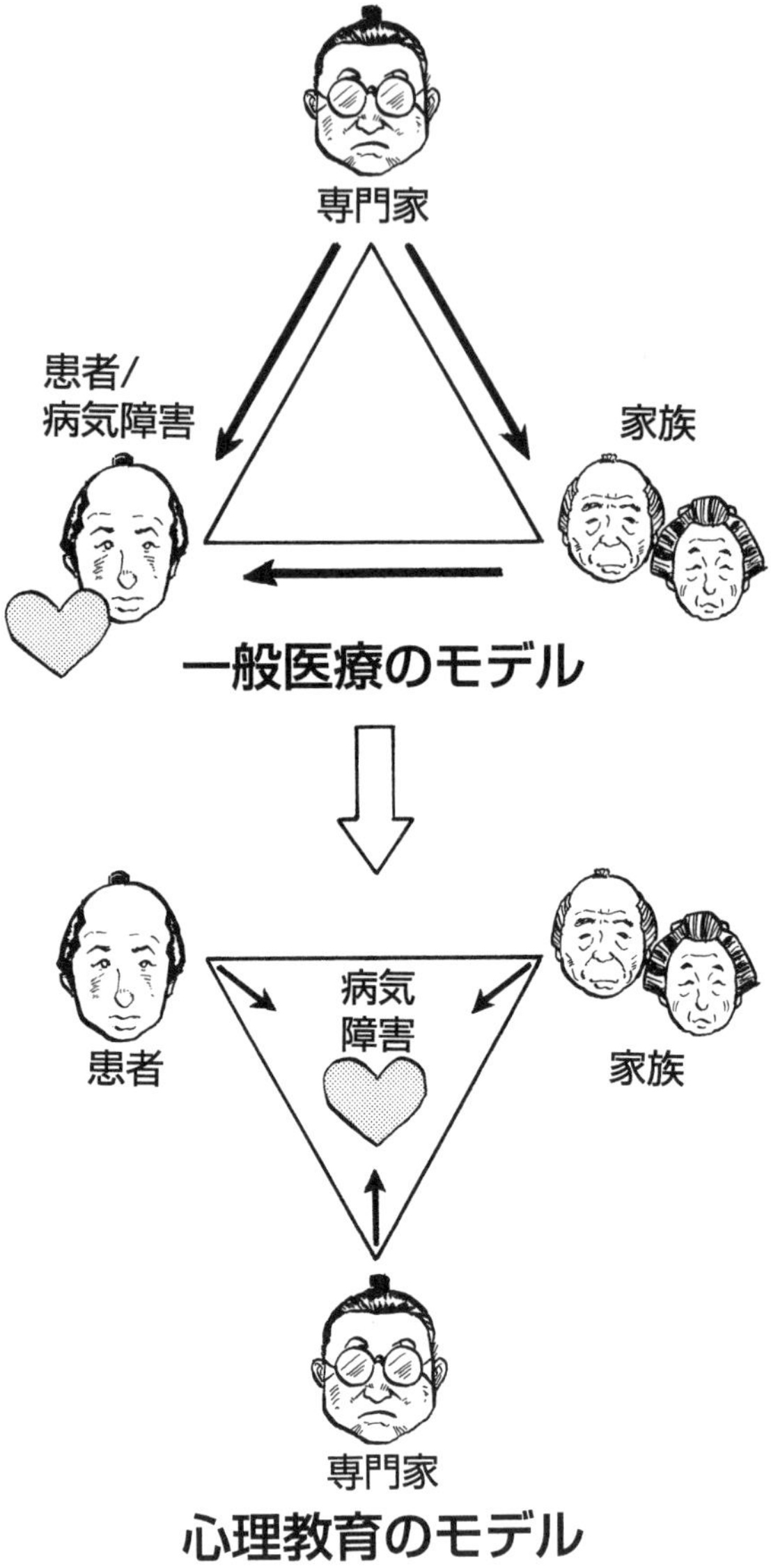
専門家
患者/
病気障害
家族
一般医療のモデル
病気
障害
患者
家族
専門家
心理教育のモデル

らだ。

幻覚・妄想に立ち入ることがタブーでなくなった

「生きづらさ」という曖昧な生活課題が、目に見える練習課題に置き換わるようになると、援助者のほうも楽になる。対応が具体的で明確になり、練習結果を当事者と共有することも容易になってくるからだ。

従来、「幻覚や妄想といった統合失調症の主症状は、当事者の主観的な世界の出来事である」と考えられていたため、現場には長い間そこに立ち入ることをタブー視する傾向があった。幻覚や妄想の世界に立ち入ることは妄想の強化につながり、固定化すると信じられてきたからである。

しかしＳＳＴでは、まず当事者のかかえる主観的な体験を共有しなければはじまらない。

そこで私たちは、幻覚や妄想に立ち入らないどころか、それらの忌まわしい体験を当事者のもっともイメージしやすいキャラクターや、わかりやすい言葉に置き換えてきた。たとえば、幻聴につながる体調変化の兆しを「赤信号が点滅」といい、自己対処を「自分を助ける」というように。

そのような仕掛けによって仲間や援助者に共通理解が広がってくると、当事者は主役としての役割を獲得しやすくなってくる。

ここに、薬物療法一辺倒だった統合失調症治療の現場に、生活習慣病に対するのと同じような疾病自己管理の道が開けてくるのである。

「問題」は、豊かな可能性に満ちている

さて、本章の冒頭から述べているように、外在化のポイントは「人と問題を分けて考える」ところにある。「人が問題なのではない。問題が問題なのである」という立場である。

しかし「人と問題を分けて考える」という言明は、まだ事の半面しか示していない。なぜなら「問題」というものは、それを超えてさらに「その場に新しい可能性を生み出していく」という力さえ内包しているからである。

医学モデルでは、問題の根本原因を探り、原因を除去することによって治すというアプローチを得意とする。いわば感染症や急性疾患への対処を守備範囲とする《問題解決のモデル》である(次頁図①)。それに対して慢性疾患を守備範囲とする《希望志向のモデル》は、問題の側面よりも健康的な側面に着目し、それを強化することを重視する(次頁図②)。SSTをはじめとする精神障害リハビリテーションのプログラムは、まさにこのモデルを基盤としている。

しかし、私たちが重視してきたモデルはそのどちらでもなく、問題自体の意味をも変えてしまうアプローチである。つまり「問題が問題のままで意味を持ち、それが可能性に変わる」ことに私たちは着目する。それは《語りのモデル》ともいうべきアプローチであり、現実をいかに物語るかによって、その風景はまったく違った装いを見せるのである(次頁図③)。

①問題解決のモデル

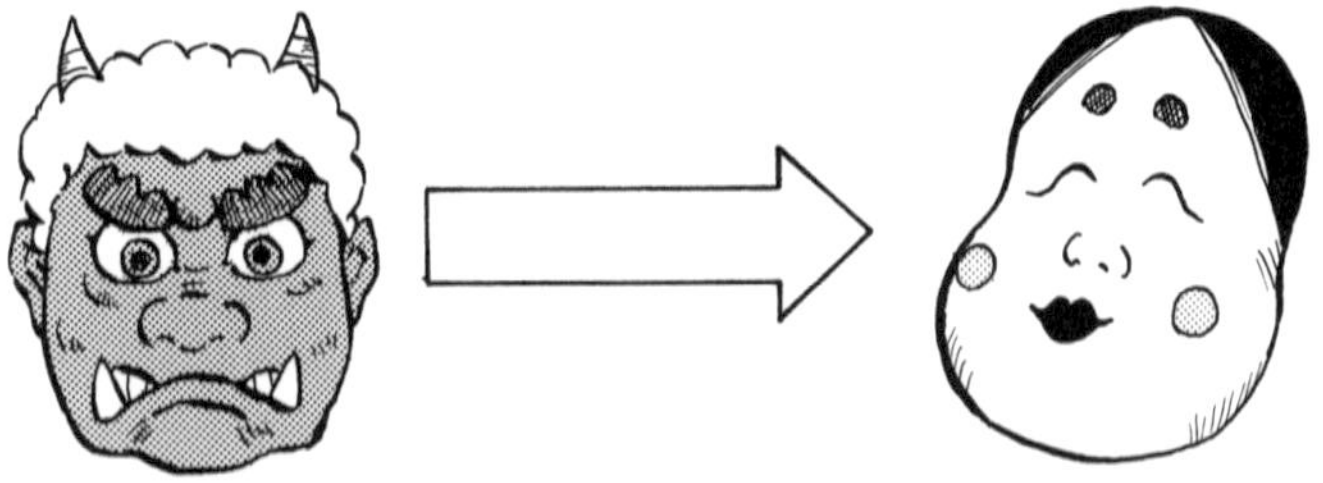

問題の根本原因を探り、原因を除去することで治す

②希望志向のモデル

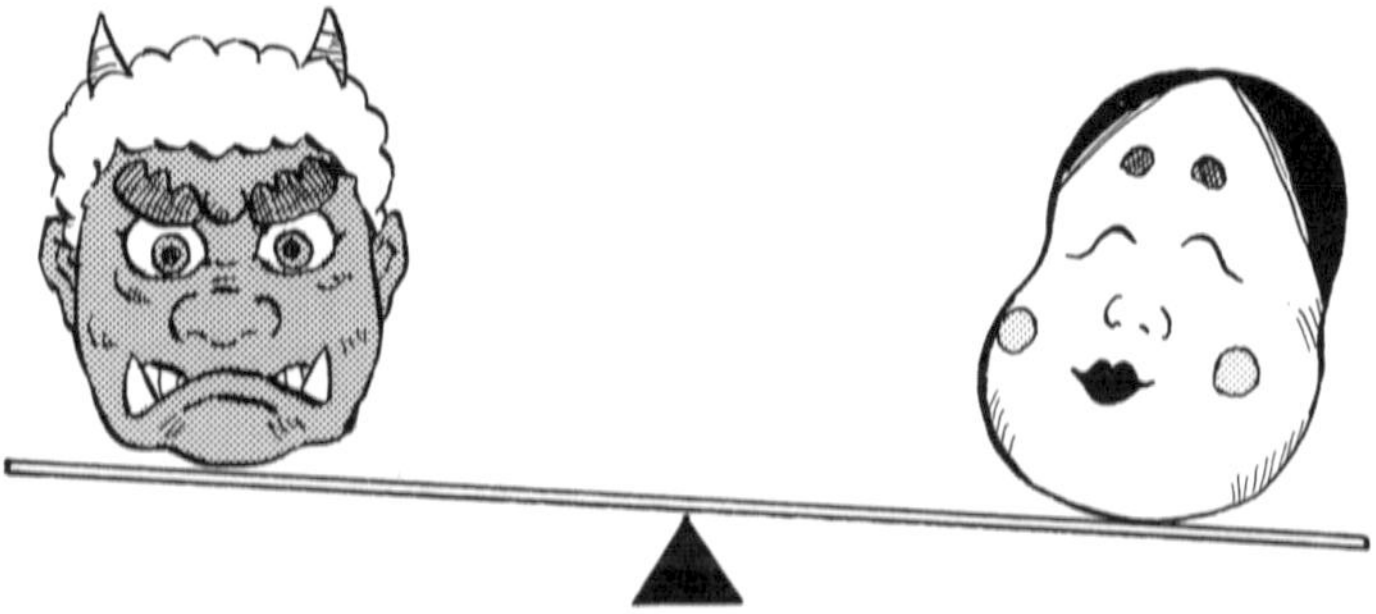

病気ではなく、健康な部分に着目し強化する

③語りのモデル

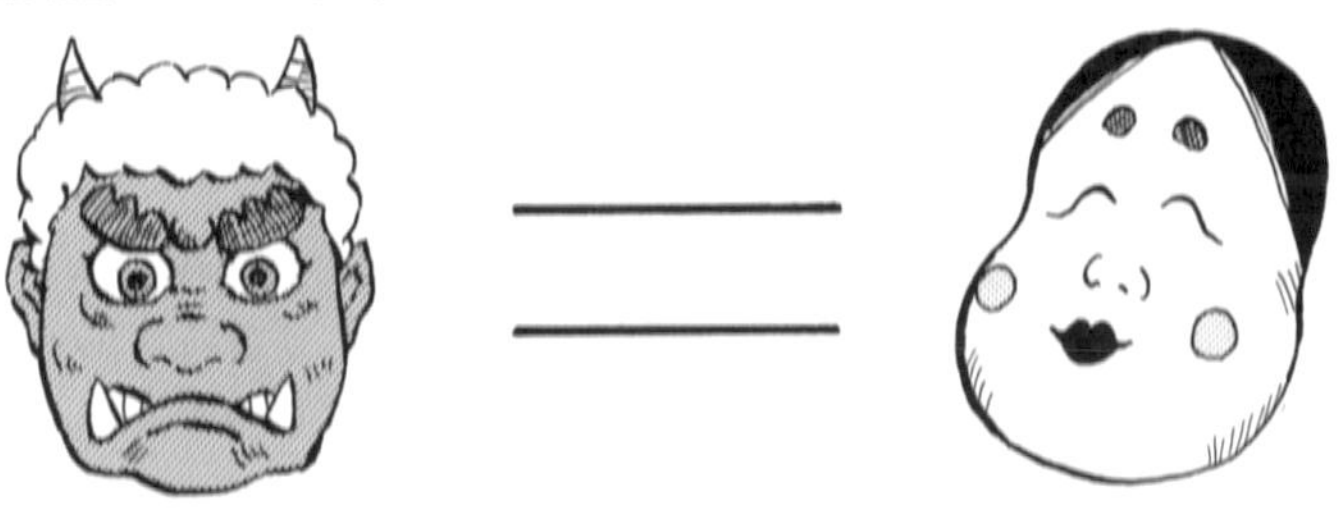

語りによって×が○になったり、○が×になったりする

問題があるとワクワクしてしまう理由

べてるの家の古参メンバーである松本寛さんは、統合失調症を「友達ができる病気」と定義している。ものごころがついたときから〝ガンバレ幻聴〟に尻をたたかれ、常にがんばることを強いられてきた彼が、幻覚妄想状態に陥り入院をしたときに口走ったのは「やっと病気になれた！」であった。がんばることから降りてべてるのメンバーとして活動をはじめてから、それまで三通だった年賀状は、数十通に変わった。

このように、どこに力点を置いてそれを見るか、つまりその語り方によって、現実というものはまったく異なった意味をもつ。彼のそのような現実の語り方は、「病気のままで豊かな世界」が成立しうるという希望を私たちにもたらした。つまり、病気をかかえることがただちに生きる道を閉ざすわけではないのである。これは決して医療のもつ意義を否定するものでもないし、逆に単純な現状の肯定とも違う新しい生き方の提案である。

こうした数々の経験から、私たちはいわゆる問題が起きたその瞬間から、「豊かな可能性を内包した出来事」としてそれを扱ってきた。可能性を探り出す視線で問題から情報を収集し、そこから見えてきた可能性を通じて、問題の起きている場に言葉を返していくのだ。

よろけながらお互いに肩を抱き合い、懸命に精神科外来に向かおうとする一組のカップルがあった。アルコール依存症の夫とその妻である。夫は連続飲酒により衰弱し、妻も夫との軋轢で反応性の歩行障害を呈している。その夫婦を外来で出迎え、事情をうかがい、受診までの経過を精神科医に申し送るときに、私は「とても仲のよい夫婦がやってきました」と主治医に告げたことがある。それは、二人の後ろ姿から感じた私の偽らざる深い実感だった。地域の有名な「問題夫婦」であった二人は、夫の断酒とともに「仲のよい夫婦」として、現在はべてるの家の事業を支える有力なメンバーとして活躍している。

こうして私たちは〝問題〟の場面に遭遇すると、そこに問題の深刻さや将来のリスクを見出す以上に、自然とその問題がもたらす新しい可能性に思いを馳せ、ワクワクするようになったのである。

2 軽くていい、軽いからいい

力動精神医学との葛藤

外在化を考えるときに避けて通れないのが力動精神医学、つまりフロイトの精神分析の存在である。私は大学の一、二年の専門ゼミで、カウンセリングと精神分析を初めて学んだ。周知のように精神分析とは、いまから約一五〇年前にオーストリアの精神科医であったフロイトが創始した治療法である。「精神生活のなかでこれまで意識されなかったものを意識化する」ことに特徴があり、その後の世界の思想や文化に多大な影響を与えてきたばかりではなく、「人を援助する」ということの基本構造を生み出した。対人援助にかかわる専門職は、その影響なしに仕事することは不可能であるといっても過言ではない。

しかし私は、精神科医療チームの一員として現場で働くなかで、常に力動精神医学の常識との葛藤にさいなまれてきた。その葛藤は、「クライエントとの距離」に如実に現れていたと思う。

「白衣という境界線」がなくなる不安

病院で以前、都市部の大規模な精神科病院で経験を積んだソーシャルワーカーを中途採用したことがある。彼女が浦河で仕事をしていちばん苦労したのは、「クライエントとの距離の近さ」だったという。彼女ばかりではない。出張で浦河にくる幾人かの精神科医も、同様の感想をもっていた。浦河にきた彼女はこう言う。

「前の病院では、白衣を着て仕事をしていれば自分がどこの誰であるか、何を考え何に苦労しているかという自分の素性を意識することはなかった。クライエントは常に白衣の向こう側にいて、自分は援助者として振る舞うことで一日の仕事を終えることができた」

そして、「仕事が終わってプライベートな世界に戻って初めて自分を取り戻す」という日々を重ねてきた。

しかし浦河では違った。浦河のメンバー、特にミスターべてるといわれる早坂潔さんは白衣という境界線をいとも簡単に突破して、気がつくと「元気か？　何か悩みないか？」とニコニコしながら傍らに立っている。すると彼女は、〝見られてしまった〟という自分の感情をどう処理していいのかわからなくなり、援助者であることの意味も皆目見当がつかなくなり、パニックになるというのである。病院の看護師も「白衣を着ないとべてるにいけない」とこぼす。

「白衣という境界線」とはおもしろい比喩だ。まさにその境界線をめぐって、私自身が数多くの苦労を経験していた。駆け出しのころに街の小さな教会でメンバーと同じ屋根の下で暮らしはじめたときも、ＳＳＴの研修会に当事者メンバーを連れていったときも、「専門家が当事者と一緒に学ぶなんていうことはありえない」という猛烈な反発と抗議を受けた。それらのエピソードにはすべて、「クライエントとの距離」というテーマが横たわっていたのである。

なぜ距離をとりたがるのか

では、なぜそれほどまでに「距離」が問題になるのか。精神分析がその治療や援助のプロセスとして、精神生活のなかでこれまで意識されなかったものを意識化することを重んじていることと関連している。具体的には、クライエントが抑圧してきた無意識の意識化を促す過程で、援助者に対して生じる「抵抗」の問題である。

抵抗とは、簡単にいえば両親など身近で重要な人物に向けていた抑圧された感情や反応が、言動を通じてその援助者に対して向けられることである。したがって抵抗を促すきっかけを与えないために、援助者は「素性が見えにくい存在」に徹することが求められたのである。

フロイトはこのほかにもさまざまな原則を打ち出したが、一貫していたのは、クライエントを自分と対等な関係に陥ることを拒否し、みずからの個人的な情報を隠すことを重視したことである。[3] つまり、フロイトはあくまでも治療者としての権威を重視し、治療者とクライエントとのあいだに厳密なまでに一線を画すことで「治療の精度」を保とうとした。

もちろんそのような治療観からは、「治療過程への当事者参加」も、チームアプローチの重要な要素である「当事者とのパートナーシップ」も、想像のつかないことである。しかし、それはいまでも有力な援助観として多くの現場に受け継がれている。

紙切れ一枚の軽さに救われる

このような立場からは、ＳＳＴを含む認知行動療法は、人間の感情の扱い方も含めて、精神障害をかかえる人の問題をあまりにも軽々しく扱いすぎるように見えるだろう。先般参加したある心理系の学会でも、主流を占める伝統的な力動精神医学の流れからは、認知行動療法は批判的にみられているという声を聞いた。

事実、私自身がそのように考えていた一人であり、ソーシャルワーカーのあいだでもＳＳＴは「新しい患者管理の手法」などと批判をされてきた。いまはだいぶ変わってきたが、数年前まで「ＳＳＴをやっています」と言うと、「操作的な援助技法に手を染めている」と見なされ、白眼視される空気さえあった。

そのような状況のなかで、私はなぜＳＳＴに魅力を感じたか。それは先に紹介した飴玉の例にもあるように、その「軽さ」に理由がある。

冒頭で少し述べたが、大学を卒業して初めて病院で管内ではじめての新人ソーシャルワーカーとして働きはじめたとき、私は職場の人間関係も含めて大変な行きづまりを感じていた。二〇歳を過ぎたばかりの若輩が、自分のことだけでもままならないのに、毎日押し寄せるクライエントの切実な悩みをかかえきれないで呻吟していた。

そんなあるとき、「また一つ研究テーマが増えた」と考え、小さな紙切れにそれを書いて机の前に貼ってみた。そのとき私のなかで何かが動いた。何も「解決」していないのに、何かが「解消」していたという感覚があったのだ。

「小さな紙切れ」というのがポイントだ。私はＳＳＴのなかに紙切れ一枚の軽さを見出したのである。そして、苦労の重さに押しつぶされそうな当事者に、あえて「練習すればいい」と言い放ってみた。私は自分が発したその言葉のあまりの軽さに、現状の困難を重く受け止めず、深刻にならないという「クライエントの信じ方」につながる手応えをつかんだのである。

外在化とは、外部の人間がその人の内面に入り込んでいく作業でも、本人がそれをさらけ出すような作業でもない。当事者自身がかかえている《問題》を、新しい意味をもった経験として、目に見えるかたちで語り出すプロセスなのだ。それは自己否定的な「とらわれ」や「こだわり」を、もっと楽しい《関心》や《探求心》へと変えていく作業でもある。こうして内部に滞った問題が、新たな可能性をもった物語として立ち現れる。

外在化という文化

SSTを外在化の視点からとらえるうえで、もう一つの重要な出会いについて記しておきたい。

浦河での試みが外在化という言葉で語られるようになったきっかけは、ナラティヴ・アプローチ研究の第一人者である野口裕二氏（東京学芸大学教授）と出会ったことだった。ナラティヴ・アプローチとは、「言葉が現実をつくりだす」という側面に注目し、〝語り〟を変えることによって新たな現実をつくりだそうとするアプローチとでもいえばよいだろうか。

野口氏は、べてるの家は「語りの共同体」であり、「物語の共同体」であるという。つまりべてるの家は、〝いまだ語られなかった自由な語り〟を生み出しながら維持されている共同体（＝語りの共同体）であり、創設から現在に至るまでの歴史が一つの物語としてメンバーに語り継がれている共同体（＝物語の共同体）であるという。そんな浦河に「ナラティヴ・コミュニティ」の成立を見たのである。

その年のもっともユニークで感動を呼んだ幻覚と妄想のエピソードを表彰する〈幻覚＆妄想大会〉や、幻聴という症状を親しげに〈幻聴さん〉と呼ぶ習わしを、野口氏は「名づけによる外在化」の実例として取り上げ、「ホワイトらのアイデアとまったく同じことが日本でもすでに行われ成果を上げていることに驚かされる」[4]と述べている。

このように野口氏の提唱するナラティヴ・アプローチという概念によって、浦河の取り組みが「外在化の文化」としてとらえられた。しかし忘れてならないのは、私たちは外在化という手法を知ってそれを実践に取り入れたのではない、ということだ。現実にかかえるさまざまな困難を生き抜く術として「語る」という営みを見出し、結果としてそこから外在化という方法を手に入れた。つまり、語ることが、病いや障害という生きづらさの外在化を促す必要不可欠な条件としてあった。つまり外在化とは、困難な現実を生き抜くための一つの暮らし方であったともいえる。

SSTに広がるナラティヴな世界

ナラティヴ・アプローチは、精神医療においては精神生物学的な方法論への偏重に対する批判として用いられるようになってきた。したがって、認知科学と行動科学を融合した認知行動療法をベースとしたSSTとは、一見して対極に位置するように見えるだろう。しかし切り口によっては、SSTのなかにもナラティヴな世界が一気に広がる可能性がある。いや、むしろナラティヴ・アプローチとSSTは相互に補完しあう関係にあるというのが私の実感である。

たとえば統合失調症で入院中のAさんが、同じく入院しているBさんから執拗にタバコをねだられて困っていたとする。病棟では、金銭はもとより物の貸し借りも禁じられている場合が多い。そこでAさんは病棟の管理者である看護師長に相談する。すると当然、タバコをねだるBさんは看護師長から注意を受けることになる。

ここで注目すべきは、「Aさんは看護師長に相談し、Bさんは看護師長から注意を受ける」という旧来のパターンは、Bさんという「人物」を問題視すると同時に、タバコの貸し借りを看護師長の管理責

内在化
断りたいなあ
管理責任
断りたいなあ
外在化

任の問題に帰するというかたちで内在化させていることである。内在化されることによって、頼まれたら断れないというＡさん自身のかかえる「関係の脆弱性」は温存され、次なる生きづらさが再生産されていく。

しかしここでＡさんが「Ｂさんからのタバコの要求を友好的に断ることができるようになりたい」と希望し、気心の知れた仲間の力を借りて練習することになったらどうだろうか。「仲間の力を借りて友好的に断れるようになりたい」というＡさんの勇気ある練習課題が仲間に共有された瞬間、その場には「困っているのは自分だけではない」という共感の土壌が生まれるだろう。それだけではない。「Ｂさんにもいろいろと事情があるに違いない」という間接的な励ましがその場に育まれ、それは問題の張本人であるＢさんをも仲間のつながりのなかに取り込んでいく契機とさえなる。

こうして焦点は、「問題のあるＢさん」ではなく「Ａさんがタバコの要求を断る力を獲得すること」へと変化していく。そして執拗にタバコをねだるというＢさんの「タバコ問題」は、結果として「仲間同士のつながりを紡ぐユニークなエピソード」に変換されるだろう。

つまり「問題の明確化から練習へ」というプロセスを通じて、新たな物語＝ナラティヴが創造されるのである。「問題の物語」は「つながりと和解の物語」へと紡ぎなおされる。人のかかえる「問題＝弱さ」は、内在化されたままでは問題として深刻化するが、外在化され仲間と語りを通して共有された瞬間に、場を癒す力として人々のあいだに浸透していく。

浦河で「弱さの情報公開」といっているのはまさにこのことであり、この外在化のプロセスをより明確にしたプログラムが当事者研究なのである。

第6章

病識より問題意識

ある老夫婦の相談

統合失調症をもつ当事者へのかかわりのなかで、もっともむずかしいのが「病識」の問題である。[1]

カール・ヤスパースは、人が自己の体験に対して観察し判断しながら立ち向かうことを疾病意識とし、そのうちの「正しい構えの理想的なもの」を病識と定義した。[2] 一般の辞書を開くと、広辞苑では「精神的疾患をもつ者が、自分が病気だと自覚すること」と記載されている。特に妄想は一般的に訂正が困難といわれ、いわゆる病識の欠如から派生する人間関係のトラブルが、当事者の地域での暮らしを困難にする。それが入院の長期化の一因ともなっている。

先日、一組の老夫婦が遠路はるばる相談にやってきた。第4章で紹介した、「聴かないこと」について考えるきっかけを与えてくれた二人である。

北海道のなかでも、浦河は交通の便の悪さではピカイチだ。冬場は札幌から高速バスに乗っても優に四時間はかかる。そんな浦河に一縷の望みを託し、遠くは九州からも必死の思いで足を運ぶ家族の姿が途切れることなくいまも続く。そうした姿に胸が痛む。この老夫婦もそのなかの一組である。

二人の相談内容は、統合失調症の一人息子(三十代)がかかえる近隣とのトラブルにまつわることだった。その息子は、二十代で統合失調症を発症してすでに一五年以上が経過し、現在はほとんどの時間を家で過ごしている。

家の近くにあるレストランを訪れる車のドアの開閉音や客の話し声が「自分に対する嫌がらせ」だと

言って、お店に苦情を入れたり警察に訴えたりする行為が続き、両親としてもほとほと困り果てているというのである。いくら両親が「そんなことはない」と言っても納得する様子はみじんもなく、よけいに反発するばかりである。

もちろん両親は、病院にも頻繁に相談の電話を入れている。しかし入院治療によっても改善する可能性は低いと言われ、トラブルのたびに薬は増える一方である。現在飲んでいる薬の量は一日三〇錠を超えるという。

老夫婦をもっとも絶望的な境地に陥れたのは、「もしこのままトラブルが続くようだったら、入院して一生鍵のかかる部屋に入ってもらうしかない」と主治医に言われたことだった。そこで切羽詰まり、藁にもすがる思いで浦河に相談にやってきたのである。

息子さんが通っていた病院の診療姿勢は、その地域でも評価が高い。精神科医、ソーシャルワーカー、訪問看護師も熱心にかかわり、申し分のない支援体制である。その点では浦河とさほど差がないように見受けられるが、話をうかがっていると浦河と異なる点がわかってきた。「妄想」への向き合い方の違い、「病識をもつ」ということの受け止め方の違い、そして「当事者のもつ力」への信頼の違いである。

「身体の知恵」としての妄想

妄想は、精神医学的な理解はさておいて、浦河の当事者研究でもっともポピュラーで関心の高い研究テーマである。たとえば「サトラレの研究」や「生活音の研究」などがある。

「サトラレの研究」では、自分の心のなかの出来事が、テレビや新聞ばかりではなく、ありとあらゆる周囲に漏れ出し、プライバシーが保てなくなるという苦しみがテーマである。その屈辱から外に出られなくなる苦しさは、「銀座のど真ん中で、トイレに入らされているような恥ずかしさ」と表現されている。

吉野雅子さんはそれをサトラレと名付け、そのメカニズムを研究した。その研究のユニークさは、「サトラレはサトラセだった」というところにある。つまり、自分は「サトラレている」ように見えながら、じつは「サトラセていた」というのである。

サトラレとは、身体が自分の存在をアピールするために「勝手に他人の心にお邪魔した状態」だと彼女はいう。自分という存在が誰にも知られず必要とされていない、という孤独感から救出するための方策だったのである。「自分は、多くの人にサトラレたかったんです！」という彼女の結論は明快であった。

いま彼女がなすべきことは、サトラレという名の遠回しのサトラセではなく、自分という存在を堂々と多くの人たちに知らしめること、つまりちゃんと「サトラセる」ことだったのである。彼女はサトラレの症状を隠すことなく語り、圧迫を感じたときに仲間にサインを出すことに取り組んだ。効果はてきめんだった。以来彼女は、人混みにも出られるようになり、苦手だった講演活動にも積極的に参加する大切なメンバーとして活躍している。

「生活音の研究」は、このたびの老夫婦の息子と同様に、近所の家から発せられる物音がすべて自分に対する嫌がらせだと思い込み、抗議を重ね、トラブルになった経験をもつ当事者が進めた研究である。彼も、統合失調症は五感の〝誤作動〟が起こりやすく、孤独や孤立が背景にあり、「トラブルを通して人とつながっている」ことを発見した。そこで彼は、孤独や孤立を解消して現実の人との絆の回復を通じて、誤作動を起こす身体に「もう、孤独ではないよ」と語りかけることを実践した。こうして「病識」を取り戻したのである。

浦河には、妄想も含めて、病気の症状とはその人個人が置かれたある種の危機や困難から、当事者を救出するための「身体の知恵」だと考える文化がある。「病気は回復の一過程である[3]」と言ったのはナイチンゲールだが、まさに「病気も回復をめざしている」のである。

それは、統合失調症を「現実との生命的接触の喪失[4]」と理解しようとしたミンコフスキーの見方とも共通している。妄想とは現実と触れ合うことのつらさを回避するバリアであり、さらにそこから派生するトラブルは人とつながる手段となる。そんな役割を、妄想は「買って出ている」と理解できるからである。

「自分」が「相手」になってしまう

妄想はそのように「私」を守ってくれる反面、その結果として、私が私でなくなってしまうという問題が発生する。

サトラレがサトラセであるように、統合失調症をかかえる当事者のトラブルには、往々にして気持ちの反転が起因していることが多い。最近の当事者研究のなかでも、この「反転の技」が得意なメンバーが研究に取り上げている。反転の技の特徴は、主体が入れ替わることである。つまり、「自分」がいつも「相手」になってしまう。それらの例をあげると次のようになる。

自分が食べたいとき
→まわりの人が食べたがっている気がする
自分の体調が悪いとき
→○○さんがつらそうと感じる
自分が話したいとき
→○○さんが話したそうにしている
自分が眠たいとき
→○○さんが眠たそうにしている
自分が緊張しているとき
→相手が緊張している感じを受ける
自分が苦手な人といるとき
→相手に嫌われている感じがする
自分がこわいと思うとき
→相手がこわがっている感じがする

お主が拙者に斬られたがってる気がするッ
断じてちがうっ!!

自分が好意をもつとき
↓相手に好かれている気がする

なぜこのようなことが起きるのか。統合失調症をかかえる当事者特有の反転を研究しているメンバーの結論は、「この方が傷つかなくて済むから」であった。

最近、「女性スタッフから執拗にモーションをかけられている。自分もつきあってあげてもいいなと思い『映画に行こう』と誘ったら女性スタッフに断られてしまった。自分からモーションをかけておきながら、断るとは許せない」と言ってトラブルになった例があったが、これが反転の典型である。

病識は一人では生まれない

このような妄想をもった当事者とのかかわりで大切なのは、木村敏氏の言葉を借りるならば「間＝あいだ」をつくることである[5]。

浦河でもあらゆるプログラムの基本に根ざしているのが、「あいだ」づくりだといって過言ではない。「あいだ」には、「人とのあいだ」「自分とのあいだ」そして、「病気とのあいだ」がある。

特に「病識をもつ」ということは、周囲の人と人との「あいだの質」にもっとも影響される。そのわかりやすい例が、アカデミー賞を受賞した『ビューティフル・マインド』(二〇〇二年公開)である。

この映画は、統合失調症をかかえながらノーベル賞を受賞した実在の天才数学者、ジョン・ナッシュの半生を描いた物語である。ナッシュは、学生時代に統合失調症を発病、当初は幻覚や妄想に翻弄されてトラブルが頻発するが、治療もすすみ、妻の献身的な支えのなかで「病識」を身につける。象徴的なのが作品の最後の場面だ。日常的に幻視が見えるナッシュは、目の前に立った人物が挨拶をしてきたとき、隣にいる気心の知れた人に「きみにも見える？」と確認し「見えますよ」と言われたらナッシュはあらためて目の前の人物に挨拶をした。

ナッシュは、日常的に見える幻視と現実の人を見極めるために、信頼できる身近な人を目の代わりとして使っていた。つまり病識とは、たんに一人で誰にも頼らずに「現実か幻か」を見極められるようになることではなく、それを確認できる人とのつながり、「あいだ」から生まれる。

したがって、相談を受けたときのかかわりのポイントは、いかに「人と人とのあいだ」をつくるか、特に仲間との「つながり」をつくれるかである。

2　困っていればOKだ

大切なのは「なんとかしたい」という問題意識

私は老夫婦から、病識もなく、統合失調症という自分の病名さえも知らされていないという息子の話を聞きながら、直感的に「なんとかなりそうだ」という感触を得ていた。この「なんとかなりそうだ」という感触は、言ってみれば、もしこの家族が浦河に住んでいる家族であったらもっと違った展開になるだろうという直感であり、それを浦河以外でも実現できるのではないかという予感である。

私は、妄想とはいえ一一〇番をしたり、店に苦情を申し出たり、頻繁に病院に電話をかけて相談する、その「執拗さ」に見込みがあると思ったのだ。浦河ではそれを「諦めないで、一生懸命に安心を求め、なんらかの圧迫から逃れようと必死になっている証拠」と理解する。

私は老夫婦に言った。

「いままでのご苦労を考えると軽々しく言ってはいけないかもしれませんが、私のつたない経験からすると、なんとかなるような気がします。なによりも、息子さん自身がなんとかしたがっています。息子さんは、誰よりも切実に安心を求めているんです。その安心の実現に一緒に協力するというのが、これからのかかわり方のイメージです」

そう言うと老夫婦は「え、なんとかなるんですか？　病識もない息子に、どうやってその行為をやめさせるんですか？」と質問してきた。

「大切なのは、病識ではなく、問題意識なんです。息子さんは息子さんなりに困っていることがあるはずです。嫌がらせが事実かどうかという病識を問題にするのではなくて、その困っている現実に着目し、そこから関係づくりをする必要があります」

一見頑固な妄想に執着している当事者でも、じつは一〇〇%の確信をもっているのではない。実際は「自分の思い込みかもしれない」という戸惑いをかかえ葛藤している。その可能性に着目するところから、私たち専門家の支援がはじまるのである。

具体的には、「嫌がらせを受けている」つらさではなく、判断がつかなくて戸惑っているつらさを語れるかどうかが鍵をにぎる。なぜ語れないかといえば、当事者のプライドや、妄想を認めることの恐怖感があるからだ。そのとき、「弱さを共有しあう信頼関係」が、壁を乗り越える力となる。

電話に出たら第一関門突破！

私は息子さんと電話で話してみることを提案した。当事者のかかえる苦しさの多くが、じつは「誰にも本当のことを言えない」つらさであることが多い。だから、そのことを電話でどこまで話せるかが大切な見極めとなる。

いつも言うように、このような相談で大切なのは、現在の治療や支援体制を批判しないことである。特に三〇錠という投薬量は、現場の苦悩の象徴である。大切なのは、周囲の支援体制以上に、当事者自身のもっている力を活かした支援方法を検討することである。ありきたりの言い方だが「主役は当事者自身」なのだ。具体的には、周囲からの生活音が自身への嫌がらせと感じられてつらくなるという圧迫された状態に、〝研究者〟の視点をもって立てるように支援する。つまり、浦河でいう「当事者研究」への参加である。

私は両親に「統合失調症をもった人を支える研究活動をしている向谷地という人が、あなたにお願いしたいことがあるらしい」と事前に情報提供をしていただくよう伝えた。いままでのかかわりでもずっと用いている「研究活動への協力依頼」である。息子さんが私の電話に出てくれたら、まず第一関門突破である。

数日後の夕方、私はさっそく電話をかけてみた。母親が出た。事前の打ち合わせどおり、息子に取り次いでくれた。

「○○、この前話した向谷地さんから電話だよ」

母親がそう言うと、「あ〜そ」と電話の向こう側から息子のボソッとした野太い声が聞こえた。

「はい、○○です……」

電話に出てくれた。もうこれは大丈夫！　そんな確信が私のなかに芽生えた。

ぼくの場合は〝さ〟です

「はじめまして、向谷地と申します。突然お電話して申し訳ありません。私は、統合失調症をかかえながら地域でがんばってらっしゃるみなさんをご紹介いただいて、お話を聞きながら、みなさんの応援の仕方を研究しているものです。○○さんもいろいろな圧迫をかかえるなかで本当にがんばってらっしゃるとうかがいまして、一度お話をしたいと思っていました」

そう自己紹介すると、彼は尋ねてきた。

「そうですか。どんな話をすればいいんですか」

ときおり口がもつれ、ゆっくりとした話しぶりからも、飲んでいる薬の影響がうかがえた。

「私はお母さんからお話をうかがって、本当に大変な圧迫のなかで一生懸命自分の助け方を探している○○さんの努力に頭が下がる思いがしました。そこで、もしよろしかったらどのような圧迫があるのかをおたずねしたいと思って電話をしました。たとえば周囲の音に敏感になるとか……」

「そうですね、音に敏感になりますね。それがいま、いちばんつらいですね」

その青年は、なんの躊躇《ちゅうちょ》も警戒もなく、自分の体験を話しはじめた。予想以上の滑り出しである。

「それはつらいですね。浦河では、○○さんと同じ苦労をかかえる人たちが音に敏感になったり、症状がつらくなったりするときに、何が起きているかをキャッチする方法として〈な・つ・ひ・さ・お〉チェックをしています。○○さんは、あてはまることはありますか。な＝悩みがあるとき、つ＝疲れているとき、ひ＝暇なとき、さ＝寂しいとき、お＝お腹が空いたとき、お薬、お金……」

するると、彼は間をおかずにこう言った。

「そうですね。ぼくの場合は〝さ〟の寂しさですね。ぼくは、病気になってから一五年経つんですが、友達ができずに困っています……」

そこまで聞いたとき私は、「これはいける！」とさらなる手ごたえを感じた。

「じつはお願いがあるんですが、一緒に研究に参加していただけませんか。研究員になっていただきたいんです。○○さんと同じように生活音などの圧迫に苦しみながら地域で暮らしている人たちと、安心して暮らせる方法を研究しませんか」

「本当ですか？　ぼくが研究するんですか？……いいですよ。ぼくでよかったら協力しますよ」

彼は弾んだ声で快く〝研究者〟となることを了解してくれた。私はすぐに、浦河で近隣からの生活音の圧迫に苦しみながら「生活音の研究」を続けている仲間を紹介した。

私との電話が終わると彼はさっそく浦河のメンバーに電話をかけ、生活音への対処の仕方を語り合った。

折り返すように母親から電話が入った。

「向谷地さん、息子が電話のあと、『今日からぼくは研究者になったよ』って、本当にうれしそうに報告してくれました。これから、息子の本物の苦労がはじまりそうです」と喜んでくれた。

彼は、りっぱに問題意識をもっていたのである。そして、自分の問題意識に降り立ち、その困難な現実を共に担う同労者を求めていたのである。

第7章

プライバシー、何が問題か

一筋縄でいかないプライバシー問題

精神保健福祉の現場でケアに携わっている人たちに「大切にしていること」を尋ねると、常に上位にあげられるのが「プライバシー」と「個人情報」の保護である。

国際機関であるOECD（経済協力開発機構）理事会が、プライバシーと個人情報の扱いについてガイドラインを示しており（一九八〇年九月：外務省のホームページで日本語訳掲載）、二〇〇三年にわが国で制定された個人情報保護法も基本的にそれを踏襲した内容になっている。同法によれば個人情報とは、「生存する個人に関する情報であって、当該情報に含まれる氏名、生年月日その他の記述等により特定の個人を識別することができるもの」（第二条）と定義されている。また、プライバシーとは広辞苑によれば「他人の干渉を許さない、各個人の私生活上の自由」という理解が一般的であろう。

病気をもっていることを含めて、当事者の私事にかかわる個人情報の漏洩防止や秘密の保持は、専門家に課せられた基本的な責務である。しかし現在、私たちがプライバシーや個人情報という言葉に託すイメージは拡大の一途をたどっており、ケア現場に大きな影響を与えるようになっている。

最近広がるふしぎな光景

個人情報保護法の制定によって、精神科病院によっては、それを徹底していることを売り物にしている病院もある。以前、とある病院の精神科デイケアにお邪魔すると、壁のいたるところに「デイケア利用者同士の個人情報の交換はやめましょう」という掲示がされていた。

特に電話番号のやりとりは厳に慎むように言われるらしい。デイケアを利用するときのオリエンテーションで「デイケアが終わった後、利用者さん同士がコーヒーを飲みに行ったり、プライベートで交流したりすることを当デイケアでは禁止しています」と言われ、それを約束させられることもあるそうだ。

最近、関係者からこんな話を聞いた。

デイケアの中心メンバーであった利用者が、持病の内科関係の病気で突然亡くなった。しかし病院側は職員に、プライバシー保護と個人情報保護を楯に、亡くなったことも葬儀の日程も、親しかった他の利用者に伝えることを禁止したというのである。その関係者は仲間のいないお葬式に参加し、亡くなった方の無念さを思ったとき、亡くなったことよりもつらく悲しかったと言っていた。

またこんな話も聞いた。デイケアのスタッフが結婚退職をすることになり、勤務の最後の日に、利用者が感謝の言葉を書いた色紙を用意してお別れのセレモニーを開いてくれた。そこで利用者からぜひ記念写真を撮りたいという声が上がり、準備をしようとしたら、病院側からストップがかかったというのである。たとえそれが利用者からの希望であっても、プライバシー保護と個人情報保護の観点から問題ありと判断されたのである。そのスタッフは病院の外で、こっそりと利用者と記念写真を撮ったという。

さらに、笑い話のようなエピソードも聞こえてくる。

産休明けで久しぶりに出勤してきた病院の看護師に患者さんが「おめでとう、赤ちゃんは男の子？女の子？」と尋ねたら、看護師にこう言われたという。

「ごめんね、個人情報保護の関係で教えられないの」

暗転した晴れ舞台

このテーマを考えるときに、私がよく引き合いに出すエピソードがある。[1] 七〜八年前の出来事だが、ある精神保健分野の研究発表の場で会場に配布された追加資料が、座長の判断により回収されるということがあった。

発表内容は、ある地域の精神保健福祉活動を支える関係者に聞き取り調査をして、実践の特徴を明らかにするという地道なフィールドワークの結果であった。調査結果はすでに報告書の形で公開されていて、調査に協力した人たちの名前も、感謝の言葉とともに記載されている。

回復者クラブのリーダーをつとめる当事者の一人も調査に協力し、報告書には実名が載っている。その彼も会場に来ていて、発表の時間を前にして緊張の面持ちの発表者に歩み寄り、笑顔で「がんばってください」と激励していた。

ネクタイ、背広姿で会場のいちばん前に陣取った彼にとって、自分が協力した調査研究が発表されるというのは、まさしく〝晴れ舞台〟でもあるのだ。

会場では報告書の抜粋が追加資料として配布されていた。しかしその晴れ舞台は、間もなく暗転する。

発表が終わると、まず座長から厳しい質問が発表者に向けられた。当事者へのインタビュー内容が実名で公開されていることに対して「このことによって未来永劫当事者に不利益が及ばないということを確約しましたか?」と言うのである。

発表者は、実名の公開においては当事者の了解と積極的な協力があったことを説明したが、「未来永劫当事者に不利益が及ばないこと」の確約という点では、明らかに返答に窮している様子が伝わってきた。会場からも同様な指摘が述べられた。緊張感がみなぎる異様な雰囲気のなかで発表者は、「今日は協力してくださった当事者の方が来ておられますので、ご本人にも意見をうかがっていただければと思います」と座長に提案した。

座長に促されるように、私の横に座っていた本人が立ち上がった。緊張で震えながらマイクを持ち、言葉を必死にさがすかのような沈黙の後に、彼はこう言った。

「今日はどうもすいませんでした……」

彼にとっての晴れ舞台が「謝罪」の場に変わった瞬間だった。「実名を出してもかまいません」という彼の意向が、発表者を追い込んだことへの謝罪であった。自分の病気の体験を恥じたり隠したりしないという彼の生き方は、座長の威厳に満ちた「学識高い見解」によって、いとも簡単に排除されたのであった。

座長は横文字を並べながら難解な学説と研究者としての倫理と人権の擁護を説き、「追加資料は、座長の権限で回収することと致します」と宣言した。フロアからはそれを支持する拍手が沸き起こった。

――「プライバシーの保護」はいま、人が生きるという素朴な感覚と、私たちの日常的な暮らしの実感からかけ離れたところで肥大化・権威化しつつある。精神保健福祉の現場に蔓延するプライバシーと個人情報の過剰な保護が、精神障害をもつ人たち、特に統合失調症をかかえる当事者の生命線ともいえる「人と人との生命的なつながりをいかに回復するか」という命題に、深刻な危機を招く可能性を孕んでいると私は思う。

2 サトラレはサトラセたい

ネットに私を非難する書き込みが……

ある精神障害者の地域生活支援をしているスタッフから相談の電話が入った。

「向谷地さん、利用者のA子さんが延々と泣きじゃくりながら電話をかけてきて、『あんたたち、私なんか死んでしまったほうがいいとでも思ってるんでしょ！　寄ってたかって私の噂《うわさ》をあちこちに撒き散らして抹殺しようとしているのはわかってるから！』って一方的にどなって聞かないんですよ。ネットの掲示板に自分の私生活が暴露されていると言うんです。まるで誰かに見張られているかのように細かいことが書き込まれているようなんです。もちろん私たちはそんなことをしていないよって言うんですがラチがあかないんですよ。まあいつものことですけど……。私たちとしては、それは大変だということで、ネットの業者や警察にも相談して、彼女の希望もあって部屋に盗聴器が仕掛けられていないか調査する手はずも整えました……」

そのスタッフが担当している地域のなかでも、A子さん(二十代：パーソナリティ障害と軽度の発達障害をもっている)は、かかわりの難しさとしては抜きん出ていた。関係者のあいだでも対処困難事例としてよく知られた存在である。彼女は幼少時からの深刻な虐待の被害者でもあり、社会人になってからも職場への不適応や人間関係をつくることができず、孤立していた。それがネットや自傷行為にはまる要因となり、幾度となく精神科病院への入院も余儀なくされている。

A子さんとのかかわりでは、私もなにかと助言を求められることが多くなっていた。今回も、一時間以上も彼女の苦情に耳を貸していたスタッフは「もしつらかったら向谷地さんにも電話して相談してみたら？」と話したらしい。すると間もなくA子さんから私の携帯に電話が入った。

「……あの……A子です。スタッフの○○さんにも話したんだけど……私のプライバシーがネットの掲示板に書かれていて、それにみんながおもしろおかしく書き込んでるんだよね。……誰か私を見張っている人がいるとしか思えない……きっとみんなが私の個人情報の横流しをして馬鹿にして喜んでいるんだよ……」

浦河では、映画『嫌われ松子の一生』の主役である松子にちなんで、自傷的で転落志向の女性を〝松子系〟と称している。A子さんもりっぱな〝松子系〟だと感じていた私は、しぼり出すような泣き声で訴える彼女の言葉を聞きながらも、そこに何か別なメッセージの存在を嗅ぎ取った。

「そうか。いつも次から次へと苦労が耐えなくて大変だね。ところできのうの地震は大丈夫だった？」

そう言うとA子さんは不意打ちを食らったかのように、「地震？……えぇ……大丈夫でした……それじゃ……また……」と言って電話を切った。一時間以上も熱心に対応した地域生活支援のスタッフには申し訳ないほどの、あっけないやりとりだった。

結局、「自分のプライバシーがネットに流出して、もてあそばれている！」というA子さんの深刻な訴えは、専門業者に頼んでの盗聴器のチェック（三万円もかかった！）によって問題がないことがわかり、ひとまず沈静化した。

A子さんとの出会い

彼女との出会いは、一年ほど前である。A子さんの支援に行きづまりを感じた地域支援を担当しているスタッフから相談されたのがきっかけだった。次から次へと嵐のように問題を起こす彼女の行状に関係者は振り回され、「わがまま」「身勝手」「独りよがり」にしか思えない言動は、支援にかかわる関係者の神経を逆なでしていた。

そして二度目の相談は、まさに立ち往生している現場からの〝生〟の相談だった。

「向谷地さん、いまよろしいですか。以前に相談したA子さんなんですが……。じつはいま自宅にお邪魔しているんですが、いつものようにただ泣きじゃくるばかりでコミュニケーションがとれないんです」

そういうスタッフの電話の向こうからは、泣きわめきながら「誰も信用できない！」「私なんか、もうどうなってもいいんだ！」という叫ぶ声が聞こえてきた。

独り暮らしをしているA子さんには、多くの関係者が支援にかかわりながらも信頼関係を築くことは容易ではなく、振り回されている。そんな状況に困り果てた地域支援スタッフの一人が、彼女のいままでの生い立ちを考えたとき、「べてるの仲間につなげたい」と思うようになった。べてるではA子さんのような体験を生きてきた多くの女性メンバーが活躍しているからだ。

そこで訪問時にさりげなくべてるの話をし、彼女らの体験と実践を当事者研究の視点から紹介したべてるの本を、「気が向いたら読んでみてね」と置いて帰った。それをきっかけにA子さんは、少しずつべてるに関心をもつようになってきた。そんなときの〝大爆発〟だった。

私は、これは一つのチャンスだと思った。電話をかけてきた地域支援スタッフに、私の携帯電話の番号を書いたメモを彼女に渡してもらうようにお願いした。

私はなぜ携帯番号を教えるのか

携帯電話の番号を教えるのは、精神保健福祉の現場で実践をしている多くの関係者が共有している手立てとは大いにかけ離れたアプローチだろう。なにより私が携帯電話の番号という〝個人情報〟を開示することについては、大いに議論があると思う。

しかし、そこで私がめざすのは、木村敏氏の言葉を借りるならば、支援の目的は「患者が、日常生活のなかで私たち『生活者』の『仲間』になってくれること」[2]だからである。

私は支援のなかで、私自身の生活の一部を開示することを大切にしてきた。それは「あなたは私の隣人です」という〝つながり〟の態度表明でもある。その人が生きている現実にソーシャルワーカーである私が〝降りていく〟証としてそれを大切にしてきた。だからこの三〇年間、私は名刺に自宅の住所も電話番号も刷り込んできた。

その意味で携帯電話は〝人とのつながり〟の入り口としての可能性をもつ。私はA子さんの電話を待つことにした。

携帯電話作戦の結果は早かった。夜の一〇時すぎに未登録の番号から電話がかかってきた。A子さんかもしれないと思い電話を取り「はい、向谷地です」と告げると、突然電話が切られた。私は彼女に違いないと思いながら、次の着信を待った。それから三〇分ほどして、再び先ほどと同じ番号表示の電話がなった。出ると、やっと聞き取れるくらいのか細い声が聞こえてきた。

「あのー、A子です……〇〇さんに電話をするように言われたので……」

A子さんからついに電話が来た。頼りないくらいにか細いが、彼女との「生命的なつながり」の確かな感触が私の中に広がった。

その電話で私が彼女に伝えたことは一つ、「あなたの経験を必要としている人がほかにいる」ということだった。最初は戸惑っていたA子さんも、ヘルパーの資格をもっているだけあって、やがて自分の経験を通じて他の人の役に立ちたいという希望をもっていることがわかってきた。

その後も「硫化水素で死んでやる！」と言っては周囲を振り回すエピソードを繰り返しながらも、べてるの家への訪問に挑戦して、〝松子系〟の仲間との出会いを実現させ、着実に人とのつながりを深めている。

このように〝松子系〟の当事者に必要なのは、いままでの挫折体験を乗り越える有用な体験の積み重ねである。A子さんもようやく「問題」を通じて、成長と回復がはじまったといえる。

そんな矢先に勃発したのが、先に紹介した「ネット事件」だったのだ。

じつはあれ、本当は……

さて、そのとき私が彼女のつらい話にあまり深刻にならずに、前日にあった地震の話題に転換した理由として、「何か別なメッセージの存在」を嗅ぎ取ったことをあげた。確たる根拠もなく感じた「別なメッセージ」とはいったい何だったのだろうか。私自身もそのことについて一度確かめてみたいと思っていた。

「そろそろ当事者研究をしよう」と彼女に呼びかけていたこともあり、先日「ネットの効用」について尋ねてみた。すると彼女は恥ずかしそうに話してくれた。彼女が言うにはネットの怖さがわかっていても、掲示板に書き込みをした途端、群がるように書き込みが殺到する快感についついはまってしまうというのである。「ぼくもやってみようかな」と言うと、「キャー、ホント〜!?」と笑いながら「やめたほうがいいよ」と私をたしなめた。

彼女は、掲示板に入りたくなる心境と、夢中になるなかで起きるトラブルの一端をポツリポツリと語りはじめた。

「これって、言っていいのかな……やばいよね……、じつはね、掲示板にね、自分のプライバシーが暴露されて、私は〝誰かに見張られている〟ってパニックになっていたでしょ……わーどうしよう、言っていいのかな……あの掲示板にプライバシーの書き込みをしていたのは……私なんです」

それを聞いて私は「なるほど、手が込んだミステリー小説を読んでいるような感じだね」と言い、それが彼女にとってどのような意味があるかを尋ねた。

「書き込みをするときには、自分のいちばん知られたくないことを書くようにしているの。なるべく、軽蔑されたり、腹が立つような内容を書くの。すると私に対する非難や馬鹿にする言葉がどんどん掲示板に書かれていくわけね。それがおもしろくなって、やめられなくなるの。そして、それを書き込んでくる人たちを上から眺めて〝バーカ!〟って軽蔑するんだよね」

掲示板という餌場にまかれた彼女のプライバシーは、それを欲する若者たちの格好の標的になり、バッシングに晒される。一段落をすると再び〝餌〟を放り込む。罵詈雑言を浴びているうちに現実とネットの世界の境界線があいまいとなり、過去のつらかった虐待やいじめの記憶が蘇り、フラッシュバックを起こし、一種の解離した状態のなかで関係者に電話をかけまくる。そんな図式が見えてきた。

つまりA子さんの本当のつらさは、他人に自分のプライバシーを覗かれ、暴かれることではなくて、「自分が誰にも知られない」つらさだったのである。だから彼女は他人になりすまし、自分のプライバシーを暴露するという非常手段をとらざるを得なかったのだ。

サトラレ＝サトラセと同じ構図

この構図は、統合失調症の思考伝播――サトラレ――に苦しみ、引きこもっていた女性メンバー吉野雅子さんの当事者研究「サトラレの研究」にも共通している。自分のプライバシーが世界中に筒抜けになってしまう苦しさに翻弄された経験をもつメンバーたちが、当事者研究を通じて出した結論は「サトラレはサトラセである」というものだった。

自分という存在が、誰にも「サトラレていない」「知られていない」という孤独感から、自分を救出する手段として〝勝手に自分が相手にお邪魔した状態〟、それがサトラレである。しかしそれは、現実の人との生命的なつながりを取り戻すなかで回復していく。そのプロセスを明らかにしたのが、彼女らの当事者研究なのである。

サトラレはサトラセであった。となると、現場に蔓延する「プライバシーの保護」「個人情報の保護」の過剰な適用は、「サトラレたい」という当事者のニーズからも逸脱し、さらなる孤立を促す危険性を孕んでいるとさえ言えるのである。

3　エンパワメントとしての「弱さの情報公開」

人のいないところに行きたい

プライバシーの話題を考えるときに、やはり紹介したいのが、何度も登場を願っているべてるの家の当事者スタッフである清水里香さんである。

彼女の頭のなかには、ある幻聴さん家族が住み着いていて、サザエさん一家のように日々いろいろな出来事が繰り広げられる。特に夫婦喧嘩がはじまると、目の前の仕事に集中できずに喧嘩の仲裁に追われることもめずらしくない。それを知っている私は、「頭のなかの○○家はみんな仲良くやっているかな」と尋ねたことがある。すると彼女は笑いながらこう言った。

「幻聴さんにも、プライバシーがあります」

それをばらすと、そのことがまた揉めごとの種になるらしい。

彼女の発病はOL時代である。大学を卒業して勤めた会社の朝礼で、突然自分の考えていることが相手に伝わってしまい、言い当てられた。それが最初の病気の徴候だった。清水さんはそのような、突然自分の考えが周囲に伝わるというサトラレに苦しみ職場を辞め、故郷の栃木にもどり、七年間の引きこもり生活を余儀なくされた。

彼女はそのサトラレのつらさを、「交差点のど真ん中で囲いのないトイレに入っているような羞恥心と屈辱感」と表現している。それはまさしく究極のプライバシー侵害と個人情報漏洩である。彼女が考えた対策は「人のいないところへ行く」であった。そうして選ばれたのが、過疎地域である北海道の浦河町である。彼女の言葉を借りるならば、「地図を見たら、すっごい田舎にあったんで、これは浦河に行こうと思って来た」。

浦河から一時間ほど車を走らせると森進一の歌でも有名な「襟裳岬」がある。その歌のフレーズにある「何もない春です〜」のイメージに引き寄せられるように浦河に来て、羽根を休めるように入院した彼女を待っていたのは、まったく違った展開であった。

運悪く、ちょうどTBSテレビの《筑紫哲也ニュース23》を、浦河町からライブで放送する計画が準備されていたのである。

引きこもりに来たはずが全国デビュー

二〇〇〇年一月、清水さんが浦河赤十字病院の精神科を受診したときの光景を、私はいまも鮮明に思い出すことができる。外来診察が終わった後、清水さんの主治医である川村敏明先生が、ニコニコしながらやや興奮した面持ちで医療相談室に入ってきた。

「向谷地君、すごいスターが来たよ。病気は悪いけど、言葉がいいね。語りに力がある。栃木から引きこもりに来たんだって。それもおかしいよね。今日、入院になったから、あとで顔見てやって……」。

身振り手振りでうれしそうに診察の様子を語る川村先生はそう言って、いつもの寿司をにぎるような仕草の笑いで場を盛り上げた。この「寿司をにぎるような仕草の笑い」とは、べてる通にはおなじみの光景だが、川村先生は笑いのツボに入ると大げさに両手を叩くクセがあり、その様が、寿司職人が粋な格好で両手を振り上げて寿司をにぎる様子に似ていることから名づけられた。

私は、川村先生に外来で〝笑いの寿司〟をにぎらせた張本人に会いたいと思って、居ても立ってもいられなくなり病室を訪ねてみた。するとそこには、ベッドのまわりをカーテンで仕切り、メソメソ泣いている清水さんがいた。自己紹介をすると、心細そうに弱々しく挨拶をしてくれたが、ちょっとの会話で私は大物の片鱗を実感することができた。

自分のかかえるサトラレのつらさを語る言葉に不思議なリアリティがあり、彼女の口元には、出口を求める次の言葉が折り重なるように渋滞している様が手に取るように見えた。その清水さんのことを、《ニュース23》の取材で来ていたTBSのプロデューサー斉藤道雄さんに話すと「お話を聞いてみたい」ということになり、急遽、彼女に取材が舞い込むことになった。

他の病院であったなら、入院間もない彼女の病状への影響と、個人情報の保護の観点から絶対ありえない話である。主治医の川村先生は、「清水さん次第」と彼女の判断に委ねた。清水さんは、待ちかねていたように取材を快諾し、斉藤プロデューサーと病院の喫茶店で昼過ぎから夕方近くまで話し込んだ。

彼女の言葉を借りるならば、「話しても話しても言葉が次から次へとほとばしり、そんな自分に驚きながら語った」ということだった。病室へ帰る途中で相談室に寄った彼女は、満足げな表情を浮かべ、自分でも呆れたといった様子で、「私ってこんなに話好きだったんだ……」と照れくさそうに笑った。

人目を避けて、過疎地に隠れるようにやってきた清水さんは、じつは結構な〝出たがり〟だったのである。そしてトントン拍子で進んだのが《ニュース23》への出演であった。清水さんは入院中にもかかわらず、引きこもりを目的に選んだ浦河でニュース番組への現地出演を果たし、全国デビューを飾ったのである。

自分の言葉で話すと楽になる

ここで、一つの矛盾にぶつかる。

清水さんは、私事にわたる出来事（その日に食べた胃の内容物までも！）や、人に知られたくない具体的に存在する他者に対する喜怒哀楽の感情のすべてが、四方八方に漏洩するというつらさから逃れるために、わざわざ北海道の浦河まで来て移り住んだのである。その彼女が、どんでん返しのように突然テレビで全国デビューを果たすという反転の意味についてである。

いったい「プライバシーの漏洩」という問題は、彼女のなかでどのように変わったのだろうか。

私は、そのことを当人にたずねてみた。清水さんの答えは明快だった。前項で紹介したサトラレをかかえる吉野雅子さんと同様に、「自分に自信がなくて受け身の状態でいるとサトラレはつらいが、自分で自分のことを自分の言葉で話すことはつらくなく、逆に楽になった」というのである。

つまり、サトラレからサトラセに転じたのである。そしてむしろ「自分のことを、まわりに知ってもらうことの安心のほうが大事」だということに気づいたという。

浦河で行われている当事者研究では最近、症状や圧迫に対する「受け身の姿勢」が事態をこじらせるという理解が広まってきていて、いかに現実に対して「能動的な姿勢」を維持できるかが回復の鍵を握るのだといわれはじめている。この実践知と、清水さんや吉野さんの体験は同じ意味をもっている。

統合失調症などをもつ人たちのプライバシーと個人情報を一律に保護することが人権の擁護につながる、あるいは社会的なリスクから本人を守ることだと考え、日夜〝奇想天外〟（失礼！）な対応に追われている専門家の目線は、ここに示された現実とは明らかに違うものがある。

個人情報保護は誰のためか

ここで、最近よくいわれる「エンパワメント」とは何かをおさらいしてみよう。[3]清水さんの主張がより明確に見えてくる。

エンパワメントの構成要素には、次の三つの側面がある。

A　個人の側面……自己効力感、自尊感情、権利の自覚、批判的思考

B　対人関係の側面……主張する、援助を求める、問題解決、新しいスキルの実践、資源のアセスメント

C　政治・地域の側面……政治的活動／参加、応酬、貢献、統制

そして、これらを現実化する要素として重視されているのが、次の四点である。

❶人間関係への参加が自尊心を促進すること。

❷適切なカミングアウトが他者へ援助を求めていくことを可能にし、孤独を取り除くこと。

❸当事者自身が、他者の回復(癒し)に貢献する力をもっていることの経験を促すこと。

❹そのために日常的に、病気、薬物療法、対処技法、社会資源に関する情報に触れる場が用意されていること。

この提案は、私たちの浦河における長年の経験と見事に一致している。つまり専門家の役割とは、一

方的に法律や制度上のプライバシーや個人情報の保護を尊守することだけではなく、「人間関係への参加」「適切なカミングアウト」「他者の回復への貢献」を促すことにあり、個人情報の保護もそれを前提にして重んじられることが基本となる。

少しきびしいことを言わせていただければ、〝一方的〟になされるプライバシーや個人情報の保護は、当事者の人権を守るという大義名分の裏でほとんどの場合、施設・機関・組織の「自己保身」の姿勢が反転したものではないだろうか。それが長年病院で働いてきた私の、反省を込めた実感である。

え、おまえも爆発か！

べてるが大切にしてきた活動理念の一つに「弱さの情報公開」がある。精神障害という体験をみずからの〝業績〟と考え、それを多くの人たちと分かち合うことによって、真に生きた知恵として人を活かし、励ますことができる。このことは、べてるのもっとも大切な経験知、実践知となっている。

先日、森亮之さんと、ある作業所を訪ねた。すでに紹介したように彼は統合失調症による被害妄想と爆発に苦しみ、長いあいだ通院以外自宅から外に出られなくて困った経験をもっている。そんなときに当事者研究と出会い、さまざまな自分の助け方(森式自己救出法)を開発し、公開しているニューフェイスである。

彼が他のメンバーと違うのは、彼が札幌近郊の町に住み、独学で当事者研究を続けていることである。その意味で森さんは、「浦河だから、べてるがあるから、当事者研究はできる」というありがちな通説を見事にくつがえしたツワモノである。作業所を訪ねた目的も、その当事者研究の紹介であった。

森さんがまず、自分の「苦労の自己紹介」をしてくれた。被害妄想から人の目線がこわくて外に出られなかった経験と、いちばん苦闘した〝爆発〟の話をしたときに、進行役をしていた私は会場に呼びかけた。

「ここでちょっとアンケートをとらせていただきます。いままで、森さんと同じような爆発を経験したことがある人は手をあげてください」

すると何人もの男性メンバーが、まわりをキョロキョロと見渡しながら、恥ずかしそうに手をあげた。すると、手をあげたメンバー同士が「え、おまえも爆発か！」といって指をさしあいながらケラケラと笑い出した。

「この作業所には、森さんと同じ〝爆発の専門家〟が三人います。爆発でお悩みの方は、ぜひ相談してください」と言うと、当事者研究の場はどっと笑いに包まれた。

オープンしてから一〇年近くになるその作業所でも、利用者はほとんどお互いのことについては知るチャンスもないまま、いまに至っている。しかし森さんが、統合失調症をかかえながら苦労した自分の経験を紹介したときのメンバーの表情の輝きは、「仲間の力」の醍醐味をあらためて知らせてくれた。

当事者研究の紹介が終わり、「君のありのままの経験が、作業所の仲間の励ましにつながった良い集まりだったね」と彼に伝えた。涙もろい彼は目に涙を浮かべながら「自分でも感動しています」と言ってニコリと笑った。

同志諸君……
実は拙者
幕府の
隠密なので
ござる……
実は
ワシも
オレも
拙者も
それがしも
えっ
お主もて
なんじゃ
この塾て
意味ねー
尊皇じょーい

と思う。

隠せば隠すほど疎外感は強くなる

プライバシーをテーマにした稿をおこすにあたって私は、何人かのメンバーに意見を求めた。最後はやはり、何度も登場していただいている西坂自然さんの含蓄のあるメッセージで締めくくってもらおうと思う。

彼女は人格障害系の苦労を重ね、「他人の評価依存型人間アレルギー症候群」という自己病名に行き着き、いまや当事者研究の有能な実践者として活躍の場を広げている。なによりも経歴がユニークだ。みずからのかかえる生きづらさを解き明かすために大学で哲学・現象学を学び、卒業後、さらに別の大学に学士入学をして心理学やソーシャルワークを修め、社会に出てからも「嵐のような迷惑行動」の渦に巻き込まれるなかで、べてると出会い、当事者研究に着手した正真正銘の苦労人である。現在は精神保健福祉士の資格を習得し自助グループの育成に励んでいる。

私は、「まわりに対して弱さを隠す」ということは、「自分に対して弱さを隠す」ということだと思っている。そして、「自分の苦労に向き合う」と必ず病気はよくなると私は考えている。私の経験からいうと、病気になるときは、自分とまわりの環境の相互作用がうまくいかないときである。たいていの場合は、自分のかかえる生きづらさや弱さを隠そうとしたり見なかったふりをしたりして、調子が悪くなる。そこを掘り起こしていければ、おのずと回復が視野に入ってくる。

その意味でも、専門家の配慮によって一方的にプライバシーが守られるというのは——必要な場合もあるのかもしれないが――私にとっては「社会全体で弱さを隠すこと」のように思われる。少なくとも、私はいままで自分の苦労と向き合うことや、自分の経験や弱さを情報公開して、困ったことはない。もちろんそれを悪用されたこともないが、自分が自分の苦労と向き合い、自分が自分にフィットするように生きてさえいければ、悪用されたとしてもダメージにならないと私は思っている。それは私の生きづらさではないからであり、悪用されたとしたら、その「生きづらさ」は悪用した人にあるのだと思うからである。

こうやって書いていても「病気を公開したらプライバシーが悪用される事態」がいったいどんなことなのか、私にはうまく想像がつかない。もし病気や弱さを公開して生きづらい社会なら、それは健常な人にとっても、きっと生きづらい社会に違いない。自分を強く見せて、欠点のないように見せて生きる社会、弱さを見せたらデメリットになる社会は、誰にとっても生きづらい社会であり、弱さを安心して見せられる社会のほうが皆が暮らしやすい社会だと思っている。私も、自分が自分の病気を嫌っていたときは、病気だと見られるのはデメリットだと思っていたし、病気だとバレないようにもしていた。病気だと知られると、友達から違和感のある目で見られ、仕事でハンディがあると考え、近所づきあいも困ると思ったからである。「自分は社会から用なしだ」「ドロップアウトしたら終わりだ」という気持ちは、病気を隠せば隠すほどに強くなった。

しかし、べてるにつながって自分の病気を受け止めるようになると、いちばん大事なことは、「自分とつきあうこと」「自分のありのままをちゃんと自分でキャッチすること」だと気がついたのである。不思議と自分が嫌いじゃなくなると、「自分が病気でもいい」と思えるようになり、どんなふうに見られてもこわくなくなった。なぜならば「自分の苦労とのつきあいこそが、いちばん大事」で、自分に嘘をつかないで、自分の気持ちをきちんと受け止めることができていればいいからである。そして、病気を隠す必要がなくなると、まわりにも隠しごとが（隠す必要性のあることが）なくなったような気がする。

たしかに病気の体験を人に知られるデメリットは、いまも社会にはある。しかし私は、病気だということを、いま誰かに知られてもほとんどデメリットのない価値観のなかに生きている（それが日本中にひろまったらすごくいいが）。そして、〝病気の体験を人に知られる〟ということは、私に新しい可能性をもたらすもっともメリットのある暮らし方となっている。

第8章

質より量の〝非〟援助論

日本人が好きになりました

二〇〇七年七月から翌年の一月までの半年間、浦河町内にある共同住居に住み込み、べてるの家をはじめとする浦河の精神保健福祉活動をリサーチした文化人類学者がいる。エール大学准教授のナカムラ・カレンさんである。

彼女は日本人であるが、両親が東南アジアをフィールドとする文化人類学者であったため海外での生活が長く、日本語よりはるかに英語が堪能である。帰国子女としての苦労の経験から社会的少数者の問題に関心をもち、日米の障害者運動や精神障害者問題を研究している。日本の障害者問題を扱った彼女の論文は、オックスフォード大学出版局創立百周年記念事業の一環として実施した「読むべき世界の論文百選」に選定されるなど、国際的にも注目されている若手の研究者である。

その彼女が、東京や大阪の障害者団体と交流をもつなかで「北海道の浦河にあるべてるの家に一度行ってきたらいいよ」と言われて足を運んだのが、リサーチをはじめる一年半ほど前のことである。以来、彼女は、映像文化人類学の研究者として浦河に関心をもち、たびたび足を運んではビデオを回すようになり、二〇〇七年七月からは浦河に定住して研究活動をするようになった。

そんな彼女に「浦河の何に関心をもちましたか」と尋ねてみたことがあるが、彼女の答えがうれしかった。かつて帰国子女として日本で暮らしながらも日本独特の文化やコミュニケーションに慣れることができずに、すっかり〝日本人嫌い〟になったままアメリカで暮らしてきたが、浦河に来てはじめて

「日本人が好きになりました」と話してくれたのである。

それほど浦河は、刺激的だったらしい。彼女のとったビデオには、元気だった仲間が急逝し、みんなで手作りのお葬式をした場面も含まれている。そんな浦河で暮らす当事者や家族のありのままの生活だけでなく、スタッフの仕事の風景一コマ一コマも刻まれている。

わきまえのなさに唖然

浦河は、過疎の小さな街である。時間をつぶせるショッピングセンターもなければ、都会のようなレジャー施設もない。浦河で暮らすメンバーにとって最大の余暇の有効活用は、仲間の部屋に遊びに行き、カラオケに行ったり、おしゃべりをしたりすることである。浦河では、人と会うことが、最大のレジャーなのである。

だから浦河では、とにかくホームパーティが多い。スタッフも、当事者や家族も、いつも何かにつけて一緒に食事をしながら、睦まじく時間を過ごすという習慣が定着している。

カレンさんは、そんな浦河の様子をアメリカの精神医療関係者に見せた。さすがにホームパーティの本場のアメリカでも、精神科医の私邸に患者、家族、スタッフがワイワイ集まってバーベキューをしたり、談笑したりする様子を見て、その〝わきまえのなさ〟に唖然《あ》としていたらしい。

そういえば、「むじゅん社」や「ＭＣメディアン」など、起業を志すメンバー有志の忘年会は我が家で行った。浦河ではそんな場面は日常茶飯事である。治療者と被治療者、援助者と被援助者の「距離感」や、明確な治療構造を重んずる人たちには、おそらく想像もできない場面だろう。しかし、当事者も援助者も共に入り組んだこんな関係こそが、べてるの力の源泉なのだと思う。

「仲間」は英語にできない

そんなカレンさんの研究活動も無事終了し、帰国することになった。急遽、有志で講演会を企画し、日米の障害者問題の特徴と差異をテーマにして話してもらった。私がもっとも印象的だったのは、「浦河で研究をして得られたものは何ですか」という質問に「浦河のキーワードは〝仲間〟だね」と答えたことである。

カレンさんが言うには、「もったいない」に当てはまる英語がないように、「仲間」にあてはまる英語もないという。そういわれて辞書を引いてみると、なるほど英語では、いわゆる日本語でいう釣り仲間、飲み仲間、遊び仲間などは、全部違う言葉で表現する。

おもしろいことにカレンさんによると、個人主義が浸透しているアメリカ人の感覚からすると、当事者同士が一緒に暮らしたり働いたりする様は、自立がなされていない〝発展途上〟の遅れた状態とみなされるらしい。その意味でも、カレンさんが浦河での研究活動から見出した「浦河のキーワードは〝仲間〟である」という感想は、べてるが育んできた理念の独自性を感じさせるものであった。

さらにおもしろいのは、仲間というキーワードが、精神病理学者の木村敏氏が「治療が目指しているのは、第一義的に治療や寛解ではない。……患者が、日常生活のなかで私たち『生活者』の『仲間』に

あの
飲み薬とか
塗り薬とかは？
〝聞き薬〟
〝話し薬〟
〝添い薬〟
ですな
よろしく〜

なってくれること」[1]と述べていることと見事に符合することである。

そこで思い出すのが、最近「浦河の精神科医は、薬だけではなく〝仲間を処方〟する」とか「共同住居は、第二の救急外来」という言葉が聞かれるようになったことである。その底辺にはべてるのもっとも有名な理念である「弱さを絆に」や「三度の飯よりミーティング」に共通した考え方が流れている。それは人と人とのつながりである。

2 つながれるなら死んでもいい

殻から出られないヒヨコ

私は最近、精神障害をもつ当事者の生きづらさの中心にあって、本人の行動を方向づけているものは、「人とのつながり」であると考えるようになった。当事者をめぐるすべての出来事は、台風の目のように、「人とのつながり」という中心部に向かって渦巻いている。

このことは、当事者研究のテーマからもうかがい知ることができる。最新の研究では、統合失調症をかかえる岩田めぐみさんの「ふわふわの研究[2]」である。

彼女は、物心がついたころから「他の子どもたちは卵からヒヨコが孵り、外の世界を駆け回っているように見えた」が、彼女だけは「殻から出られないヒヨコで、自分の代わりに自分をとりまく殻ばかりが成長していって、自分は外に出られずにどんどん弱っていく」ように思え、その孤立感に苦しんできた。自分とまわりの世界との間にある卵の殻のような壁。その壁の内側で彼女は、もがき続けてきた。

そして、「外に出られないエネルギーが内側に向かい、物事を深く考えられず、うまく人とかかわれない自分を責め、号泣する自分をもう一人の自分があざ笑い、それを頭が真っ白になるまで繰り返し行い」、その究極の行きづまりの延長上に発病があった。

ふわふわ状態から降りられない

彼女のもう一つの悩みは「自分のことを悩めない」ことである。「自分のことを考えようとするたびに頭の中にモヤがかかり、世界があいまいになる」からだ。

ここでわかるのは、彼女は人とのつながりの実感を「卵の殻のような壁」で遮断されながら、もう一つの自分とのつながりの部分さえもモヤがかかり、見えなくされてきたことである。他者と自分の両方のつながりを見失った彼女は、毎日を幻聴に支配され、幻聴から逃れるために発作的に走る車や、家の二階から飛び降りるなどの行動化によって入退院を繰り返してきた。

彼女の苦しみをひと言でいうならば、人と人とのつながりの現実に降りたいと願いながら、いつまでも降りられない。そんな〝ふわふわ状態〟で生きざるを得なかったことである。

考えてみると、この社会の現実に降り立ち、それに向き合いながら生きるということは、じつは想像以上に大変なことである。同じ統合失調症をかかえるメンバーの一人はみずからの体験として、子どものころから「このまま大人になったら、やばいことになる。一日八時間は働かなくてはいけないし、世の中は戦争や犯罪で満ちあふれている」と思い、「病気になりたい」と考えていたと言う。

その意味で統合失調症をかかえた人たちは、現実の世界と人間のかかえる本質的な脆弱性にきわめて敏感である。その両方の現実から遮断された岩田さんは、人からこれ以上切り離されないがために、いつも上機嫌で前向きを装い、そして疲れ果てていた。

壁にぽっかり穴があき、暖かい風が

そんな苦労をかかえた岩田さんの転機は、彼女の言葉を借りるならば、「人と自分を分け隔てる壁に出入口ができた」ことである。共同住居の窓から家財道具を放り出すなど一年に五回も入退院を繰り返し、住居の仲間やご近所にさんざん迷惑と心配をかけつづけて、絶望的な孤立感に襲われるなかで「当事者研究をやってみよう」と考え、「自分のこの苦しみを仲間にありのままに話してみよう」と決心した。そこで、SST（生活技能訓練）で、仲間に自分のかかえてきたつらさをありのままに話す練習をしたいと申し出た。

彼女は、そのときのことをこう語っている。

「幻聴さんとのかかわりに困って、幻聴さんの苦労をみんなの前で語ってみたら、目の前にいる人たちが我が事のように話に聞き入ってくれました。そのとき私のなかの〝どうせ誰にも理解されない！〟というひねくれた心がどこかに吹っ飛んでいきました。体験は共有できないけれど共感はしてもらえます。私のなかの孤独は、仲間とのつながりによって安心感へと変わりました……」

岩田さんは、仲間が真剣につらさを受け止めてくれて、SSTの練習に協力してくれたことをうれしく感じ、「自分の気持ちが伝わった」と思った瞬間、三〇年以上自分と人を分け隔ててきた厚い壁にぽっかりと穴があき、暖かい風が吹き込んだということを感動的に語っている。

かつてミンコフスキーは統合失調症の基礎的病変として「現実との生命的接触の喪失」と表現したが、岩田さんの例はその典型である。現実との生命的接触の回復とは、「人と人とのつながりの回復」と同一線上に起きることを私たちに教えてくれる貴重な例である。

至福の二四時間看護体制

ここでむずかしいのは、「人と人とのつながり」を取り戻す行為が、かならずしもつながりを回復する形にはならないことである。というのは、つながりの取り戻しの欲求は、〝破壊〟というきわめてわかりにくい形でも起きるからである。

その典型が、パーソナリティ障害系の人たちがもたらすエピソードである。

パーソナリティ障害系の困難をかかえる当事者の周辺では、幾多の迷惑行動、異性関係の問題、自傷、摂食障害、買い物依存、身近なものへの暴言や暴力が絶え間なく起きつづけ、多くの関係者にかかわりの困難さと無力感さを感じさせる。

自己病名「爆発型エンターテイナー症候群」のメンバーは、病院では札付きのトラブルメーカーであった。病室でわめき、音楽をボリュームいっぱいにかけ、人をからかい、患者を寝かせないパフォーマンスを繰り返した。すると、業を煮やした屈強な看護スタッフが「反省！」といって駆け寄り、保護室に入室させるのである。

彼は抑制台の上に磔り付けのように寝かされ、手足を縛られオムツを付けられ管も入れられた。彼にとっては、二四時間体制の濃密な看護こそ手に入れたかったものだったという。そこでは、「人と人とのつながり」を獲得する手段に伴う肉体的な苦痛は問題ではない。そんなことより、つながりそのものが重要なのである。

つながるためなら死んでもいい

同じパーソナリティ障害系の苦労を語る西坂自然さんの研究報告のなかにも、同様のエピソードが綴られている。

彼女は、自分の生きづらさの根源を「さびしさ」や、「自分の居場所がない虚しさ」だったと説明し、そのつらさが蓄積するたびに迷惑行動などを起こして一時的な逃避を続けてきた。その迷惑行動こそ、人とつながる最終手段だった。「人とつながる」という生命線を確保するためには、周囲に叱責され、非難を浴びる。むしろそれ自体が、生き延びるための手段と化すのである。

統合失調症をかかえる当事者も、同様のつながり方に陥ることが多い。

最近、「死にたい!」と訴えて救急外来に受診を繰り返し、入退院を繰り返してきた女性メンバーが、当事者研究をはじめた。そのなかで見えてきたのは、〝死にたい〟願望は〝生きたい〟願望の裏返しだということである。

病院に行って入院し、薬や注射をもらっているうちは安心するが、退院するとまもなく「死にたい願望」にとらわれ、再び受診する。そのプロセスに一貫していたのは、人とのつながりだった。病気が、人とのつながりと、安心を獲得するための手段となっていたのである。

ああ、この中にいたら治るかもしれない……

人の身体は、「人とのつながり」という生命線を維持するために、ありとあらゆる手段を講じる。しかし、身体的な欲求にもとづいた充足行動は、一時的でかつ破壊的で、結果としてさらなる孤立と孤独を本人にもたらす。

それでは、つながりの回復とは、どうあるべきなのだろう。

先に紹介した岩田さんの例とともに、西坂さんが語る入院中のエピソードがそれを物語っている。

入院している患者さんたちは男女それぞれ年齢もバラバラで、病名もいままでの経歴もそれぞれ異なっていたが、苦労をかかえていることは共通していた。うつ病の人、失恋して事故を起こして強制入院した人、交通事故で半年近く意識を失って気がついたときには入院していたという人、統合失調症、自殺未遂、アルコール依存症などである。

そのなかに、比較的元気な患者さんが八人ほど集まるグループがあった。私も最初はその仲間にふとしたきっかけで誘われて加わったが、なぜかその仲間にすんなり馴染んでしまった。そして、それぞれに苦労をかかえていたけれど、苦労をかかえていればいるだけ、みんな優しくて温かいように思えた。

あるとき、自殺未遂で入院している人が入院に至るエピソードを話してくれたことがあった。

「すごく思いつめて橋から川に飛び込んだんだ。でも苦しくてつい泳いでしまったのさ。そしたら俺は泳ぎがうまいから岸まで泳ぎついじゃったんだよね。それで通りかかった人に通報されて入院してしまったんだ」

そこにいたメンバー全員が大笑いになった。私はそのとき心の中で、彼が橋まで行って川に飛び込む様を思い浮かべて「さぞつらかったろうなあ」と思ったが、それでも話を聞いたらやっぱり笑ってしまった。でもその笑いは冷たい嘲笑でなく、温かい笑いだった。彼が苦しかったことをみんなが一緒に感じながら笑っているようだった。

心のなかで悲しみを分け合いながら笑っている感じがし、その場にいて気持ちが温まる感じがしたのを覚えている。そして、私はそのときに初めて「ああ、自分はこの仲間の中にいたら病気が治るかもしれない」と思った。

そこには、身体が直接的に訴えるさびしさや不安を越えて、お互いのもつ弱さを認め合った、懐かしい人と人との心地よいつながりの風景がある。もしかしたらそれは、いまの精神医療がもっとも忘れかけているもののように思う。そして、そこに我が国の精神保健福祉施策の閉塞感を打ち破る大切な鍵があるような気がしている。

ハアッ
しまった! つい……
天下泰平
おお〜っ
パチ
パチ
パチ
パチ
パチ

勝手に治すな自分の病気

ここからは少し視点を変えて「援助における質と量」という観点から、つながりについて考えてみたい。

べてるには三〇年以上にわたる幾多の経験から生まれたユニークな理念がある。よく知られたものには、「三度の飯よりミーティング」や「弱さを絆に」などがあり、いまも増えつづけている。これらの理念は、「今日も、明日も、順調に問題だらけ！」の現実を生き抜いてきた人々の知恵を伝えると同時に、そのような理念を生み出した物語を語り継ごうとする志から生まれたものである。

理念のなかには、精神障害をめぐる治療や援助にまつわるものも少なくない。そのなかで今回、援助における質と量の問題にからめて取り上げたいのが、「みんなと治そう自分の病気」と「勝手に治すな自分の病気」である。

浦河の精神科医、川村敏明先生の口癖の一つに「病気は半分病院で治したから、残りはべてるで」がある。ときには薬の処方に代えて〝仲間を処方〟したりする。「先生のお陰で治りましたというのは、いちばん質の悪い治り方」とまで言い切る。そこには、常に「人」とのつながりのなかでの回復を志向する姿勢が見てとれるだろう。みんなと回復していくなかに、「勝手に治った」場合とは違う足腰の強い回復があるという経験知から生み出された文化といってもいい。そしてこの文化があるからこそ、「質より量！」と言い切れるのである。

純粋性 vs. 多様性

さて、治療や相談援助における質と量とは何だろうか。

まず、最初に治療や相談援助における質的な要素からイメージするのは、その純粋さである。特に良質という言葉からは、混じり気のない、曖昧さを排除した一貫性のある理念によって裏づけられた具体的な安心の保障という感触が伝わってくる。

また学術的な分野でも、「複雑な要素によって左右される質の確保をいかに図るか」という検討も続けられている。そこで得られた指標によって、私たちは自分たちの治療や相談援助の質を客観的に把握することが可能になる。一方、「質の高いケアやサービスの提供」というスローガンはイメージできても、量的な感覚はイメージしにくい。ほとんど意味不明に近い状態といってよいだろう。

そんななかで、治療や援助に携わっている人たちに向かって「質より量！」と言い放つのは多少なりとも勇気のいることである。常識的には「治療や援助の質が、病気の回復や当事者の質の向上に影響する」とされ、スタッフは日夜、専門知識や技術の習得と研鑽に時間とお金を費やしているからである。

それを百も承知のうえで私があえて「質より量！」と言うのは、三〇年以上にわたって精神保健福祉の現場で実践を積み重ねたなかで感じ取った確かな手ごたえがあるからだ。もっとも私は「治療や援助の質などはどうでもいい」という極端なことを言いたいのではない。援助の質は、ある種の量的な力を背景として成り立っているということである。

この量的な力のイメージはいくつかに分かれる。以下、順を追って説明していこう。

生命という制約を生きる

まずは、SA（Schizophrenics Anonymous の略で「統合失調症などの精神障害をもつ人の匿名の会」。浦河では、AAの一二ステップと、アメリカで用いられているSAの六ステップを参考にしながら、仲間の経験にもとづいて新たに「回復の八ステップ」を構成した）の回復のステップの最初にある「私は、私を超えた偉大な力に自分の人生を委ねる決心をしました。いままでの自分をありのままに委ねます」である。このなかにある「私を超えた偉大な力」という言葉に注目したい。

個人の力や、具体的な意図をもって組織化された力を超えた力がこの世には存在する。そのことを受け入れようというのが一つ。もう一つは、苦しかった過去も含めて、数え切れない人とのつながりの履歴を基盤とした「場に対する信頼」の表明がここにはあると私は考えている。

私を超えた力とは何だろうか。

第一に《自然》がある。最近、「男と女」をテーマとしたNHKの特集番組を見たが、遺伝子的には「男」は消滅する運命にあるというショッキングな内容だった。男を出現させるY染色体が徐々に小さくなっていて、その結果不妊率が高まる。それを克服するために人工授精をすればするほど逆に精子の勢いは弱体化していき、このままで行くと計算上は五〇〇万年後には、男が生まれなくなるという。つまり、いかに抗ってもこの命の営みに人類は逆らえないというのである。それは人類が伴侶をもち、家族を養うという暮らし方を取り入れたときから運命づけられたものだそうだ。それを防ぐには、もっとも動物的な「乱婚状態」に戻り、オスがメスの卵子を奪い合う競争的な状況をつくり出すしかないというのである。

過酷な競争を勝ち抜いた強い精子を受け継ぐことが、男性を絶やさないための必須の条件ならば、戦うことを好むオスの性質は、生物学的に規定された哀しい本能なのかもしれない。その番組を見て私は、日常的には自覚することのできない生命という悠久の営みの制約を人は生きていると感じずにはいられなかった。

時代の病理としての統合失調症

次に《時代》とのつながりがある。

ここまでもたびたび紹介している精神病理学者、木村敏氏の著作『臨床哲学の知』には、統合失調症の出現にまつわる話が取り上げられていて興味深い。統合失調症は基本的に近代以降の病気であり、詳細な疾患の記述が残っている古代ギリシア医学のなかにも、そのような症例は見当たらないという。つまり、我々がこうして生きている社会そのものに、統合失調症を病気として成り立たせている基盤があるということになる。

統合失調症という病いに、近代化された社会を生きる人間の「自己存在の病理」としての側面があるのならば、そこには個人の努力を越えた深いテーマがある。そして統合失調症という困難を生きる〝選ばれし人〟としての当事者は、「時代の病理」を象徴した存在として関心をもたれ、尊ばれなければならないだろう。その意味でも私たちは、「私は、多くの分裂病（統合失調症）の人をじつにヒューマンであると感じる者である」[4]と語った精神科医サリヴァンの言葉の意味を、もう一度吟味しなければいけない。

同じ意味で、木村敏氏の「脳神経系の研究が、精神医学の花形となっている。研究者の興味は、薬物で動かすことのできる表面的な症状だけに集中して、そういった症状を背後から生み出している精神の病理、自己存在の病理に対する関心などは、見る影もなく失われている」[5]というくだりも、臨床に立つ一人ひとりが重要な警句として肝に銘じるべきだろう。当事者研究という営みは、そのような現状に対するささやかな抵抗といえるかもしれない。

4　量的世界の媒介者

私って病気かな……

このように量的な力のイメージは《自然》や《時代》など、人間の計らいを超えたところにあるが、もう一つの量的な力は、この現実という《場》にみなぎる力として実感できるものである。私は、長きにわたる浦河での相談援助のなかで、幾多の場面を通じて援助‐非援助の関係を超えた「場の力」を実感させられてきた。

その実感を裏付けてくれたのが、さきにも登場いただいた宮西勝子さんである。すでに紹介したように彼女は、新聞やテレビで事件が報道されるたびに「おまえが悪い」「おまえがやった」という声によって自責の念にとらわれ、「すべては自分のせいだ」という被害妄想に陥り、頭部への拳による激しいバッティングを繰り返してきた。彼女は、幻聴に「犯罪をおかした」と言われると、誰かに尾行されている感じに陥り、仕事に行くこともできなくなる。周囲から「新聞に名前は載ってなかったよ」と言われてもまったく聞く耳をもたず、「新聞は名前を伏せていますが、私の犯罪が暗号で報道されています」と当然のように言い張り、議論は平行線をたどる。

彼女自身の説明によると、「自分で勝手に裁判を開いて、判決を出し、最後は自分で罰する」のだそうだ。自分の頭をげんこつで殴ったり、壁に頭をぶつけたり、顔を平手で叩いたりするのは自分を罰する行為であり、罰を与えると幻聴もおさまる。交通事故や選挙違反、果ては中国四川の大地震までも「自分のせいだ！」と言って頭を壁に打ちつけ、入院中も看護師の顔を見ると「私を暗殺しようとする公安の回し者！」と言いがかりをつける宮西さんは、典型的な〝病識のない患者〟の一人だった。

彼女は、仲間から当事者研究というアプローチがあることを知らされ、独学で『べてるの家の「当事者研究」』を参考にして、「罪悪感の研究」と題して二〇〇七年六月に浦河で開催された「当事者研究全国交流集会」で発表デビューした。

自信満々に「〇〇事件を起こしたのは、私です！」と真顔で話す彼女の言葉とは裏腹に、五〇〇人を超える聴衆からは拍手と笑いが沸き起こり、会場は大いに盛り上がった。その発表風景はテレビの夕方のニュースで北海道中に放映された。私は、発表が終わった彼女のもとに駆けつけ「おもしろかったよ！　すばらしい発表だったよ」と伝えると、彼女も安堵の表情で「ありがとうございます」と言いながら、すこし戸惑いの表情を浮かべながらこう言った。

「……ところで向谷地さん、私って病気？」

宮西さんは、「罪悪感の研究」を発表するにあたっては、会場からの激しい非難の声や、石でも飛んでくるかもしれないという悲壮な覚悟で舞台に上がった。しかし実際にはみんな笑ってくれて、「よかったよ！」と言ってくれた。そのとき彼女のなかに「あれ？　私は病気だったのかな……」という気づきが生まれたという。

良い人ばかりでは《場》は成り立たない

会場には、じつにさまざまな人たちがいた。医療関係者や家族、当事者、一般の町民などである。一人ひとりの個性や属性を越えた「聴衆」という全体の場が醸し出す力が、彼女のかかえる「病気の力」を上回って量的な逆転が起きたとき、「私って病気かな？」という〝病識〟がもたらされたのだった。宮西さんはこの現象の後に、「病気(被害妄想)は治っていないけれど、それを上回る現実の力に圧倒されたとき、自己コントロールする力が蘇ったような気がする」と語っている。

その逆転は、宮西さんに〝苦労の移動〟をもたらした。彼女はそれを砂時計にたとえて紹介している。彼女という存在に対する肯定的な雰囲気が《場》に満ちたとき、「病気の苦労」がいっぱい詰まった砂時計がひっくり返り、「現実の苦労」のほうに向かって砂が落ちて移動するというのである。病気の苦労の反対は「健康で安心」ではない。あくまでも「現実の苦労」である。

ここで大切なのは、その場の肯定的な雰囲気を構成する人たちが、決して良き理解者の集合体でないことである。無理解な人たちも含めて、いろいろな人がいるということが不可欠なのだ。

以前、東京での講演会でご一緒したことがある清水博氏（東大名誉教授：『場の思想』などの著書がある）は、生命科学を研究する過程で見出された「多様な個が共に生存している状態（自己組織現象）」を模した「多様性を前提として自己組織的につくられた秩序」が現実の場に生成する必要性を説き、べてるはそのような場としての可能性を孕んでいると述べておられた。

統合失調症という異質な体験をもった人は、一般社会では排除されるリスクをかかえている。しかし宮西さんの経験は、まさにそのリスクゆえに、新しく生きる場を創造できる可能性を示唆していないだろうか。単純に聴衆が宮西さんを受け入れたという形ではなく、相互にその異質性を受容し、関係を再構築し、止揚するなかで「新たな場が構築された」のである。

「妄想の総量」を上回る現実の苦労を

最近、宮西さん以外にもおもしろい経験をした。入院が長期化している統合失調症をもつ若い女性メンバーである。病棟で会うたびに「○○さんが電磁波を送って私の身体に攻撃を仕掛けてくる」という妄想的な訴えを繰り返し、日常的な会話が成り立たないことが多い。その彼女が、病院の隣のスーパーに買い物に行ったとき、入り口のドアを足で蹴ってガラスを割るというアクシデントを起こした。

彼女に聞くと、お菓子を買いたいと思って店に入ろうとしたら、すれ違った男性が自分を侮辱する言葉を吐いたというのである。「なんで、そんなことを言われなくてはいけないの！」と腹が立ち、衝動的にドアを蹴飛ばしたらしい。

その後がおもしろかった。彼女はひどく動揺し、病棟にすっ飛んできて「大変なことをしてしまった！　警察につかまる！」と看護師に訴えた。予期せずにかかえ込んだ圧倒的な現実の生々しい出来事を前にして、親にも言わなければならないとか、いくら弁償をしたらいいのかなど、直前までの妄想的な言動はまったく消えうせ、一瞬にして〝普通の人〟に戻ってしまったのである。

彼女はまず仲間に相談して、対応策についてのアドバイスをもらった。そしてミーティングの場では、店に謝りに行くときに心細いので誰かに一緒についてきてほしいとアピールした。こうして無事に後始末ができた後、彼女は再び妄想の世界へと戻っていったのだが、それがきっかけとなってスタッフのあいだにも「現実の苦労を増やす手伝い」という支援のポイントが見えてきて、現在では退院に向けた支援がはじまっている。

このエピソードが物語るのは、ガラスを割るという器物損壊事件が招いた「現実の後始末」という煩わしさが、一瞬であるが彼女の「妄想の総量」を上回り、彼女を現実に引き戻したという事実である。そのようにしてもたらされた引き戻しの力は、どんな素晴らしい技術をもった専門スタッフの個別的な治療や援助の力も及ばない、量的な力なのである。

専門家は「量的な世界」への媒介者

最後に、私自身が日常的な相談援助で用いている「わきまえ」について述べておきたい。

私は一対一の個別的な相談援助の場面においても、いつも量的な力――たとえば人とのつながり――

に依拠してきた。具体的には、相談をもちかけてきたメンバーに、「統合失調症を生きてきたあなたのありのままの体験は、人を活かし励ます力としての可能性をもっている」と伝えるのである。具体的に提案やアドバイスをするときには、それをソーシャルワーカーとしての知識や専門的な見解として話さないことに気をつけている。私はあくまでも、そのクライエントと同様の困難を生き抜いた他の仲間の経験知として、それを伝えるのみである。

ワーカーとクライエントとの一対一の援助関係とは、今後多様な人と出会うためのほんの「入り口」であり、ワーカーは媒介者に過ぎない。その提案やアドバイスがもし有効であれば、クライエントは「仲間のお陰」と感じ、そこで彼は多様な人とのつながりの場に解き放たれるだろう。これが重要なのである。なぜなら統合失調症をかかえる人たちとは、多様な人とのつながりに満ちた量的な世界から孤立し、量的な世界を実感しにくい立場を強いられた人たちだからである。

浦河は、統合失調症をもって暮らすことを、隠したり、恥じたりしなくても住める場である。しかしそれは、地域の理解が進んでいるからではない。いつも言うように、浦河は「問題と葛藤に満ちた場」である。だからこそ当事者たちは、地域の理解にとらわれない暮らし方をしてきたし、逆にそのような問題に満ちた地域を理解しようとしてきた。

つまり当事者にそのような「主体的な生き方」を促したのは、良い人ばかりではない多様な人々が暮らす地域、すなわち量的な世界なのである。

終章

「脳」から「農」へ

べてるはホカホカの黒土です

べてるの家の日常を撮ったドキュメンタリー作品『ベリーオーディナリーピープル——とても普通の人たち』（全八巻）が自主制作されたのはいまから一五年ほど前、一九九五年のことである。

この作品は、新潟市に在住し全国各地で地域おこしアドバイザーとして活躍し、いまでも継続的にべてるの支援を続けてくださっている清水義晴さんの「べてるの映画をつくりたい」という思いに、福島・会津若松の商店街が応えたのがはじまりだった。街の活性化について清水さんに支援を仰いでいた会津若松の商店街の人々は、チャリティ募金をして製作資金を寄付してくれたのだ。清水さんをはじめ商店街の人々が「べてるの映画作り」を企画したのは、決して精神障害者のことを理解しようと考えたからではなく、その目的はあくまでも商店街の活性化であり街づくりだったところがおもしろい。

この作品は全国各地の企業や市民活動団体によって自主上映され、べてるの知名度を広めてくれた。それに歩調を合わせるように日高昆布の産地直送が軌道に乗り、講演依頼もポツリポツリと舞い込むようになったのである。

さて、この作品の第一巻で若かりしころの私が、インタビューに答えて次のように語っている場面がある。

「べてるという場は、たとえるとホカホカの黒土のようなもので、たくさんの微生物が持ちつ持たれつで生きている世界に似ているんです。怒りっぽい人がいたり、気の弱い人がいたり、笑っている人がいたり、泣いている人がいたり、いろいろな人がいることがいいんです。良い人ばかりいてもダメなんです……」

「農」への関心

私が「土」に関心をもつに至ったのは、地元の農協が農家向けに開催した土づくりの研修会に何気なく参加したことがきっかけである。四〇〜五〇人ほどの参加者は、もちろん私以外はすべて農業経営者である。講師は農業環境の研究者で、当時古代の遺跡における〝糞石〟(糞の化石)の研究で地元でも有名だった帯広畜産大学の中野益男教授だった。

そこで語られた農業の歴史とは人類の文明論そのものだった。「百姓とは百の知識に通じた人」というくだりでは、そこにワーカーの役割の新しいイメージを与えられ、深く感動した。農業とは生物の多様性によって成り立っている「土づくり」を大切にすることからはじまることを知り、それはそのまま私のなかでは「人づくり」として重なったのだ。

そもそも病院のソーシャルワーカーである私が、なぜ、それこそ畑違いの農業研修会に参加する気になったのかは、いま考えても定かではない。しかし、当時すでにべてるの家の活動を通じて、「地域の豊かさは、多様な個性をもった人たちが暮らすことで成り立つ」と実感していた私は、そのイメージの根拠を「農」の世界に探していたような気がする。以来私の本棚には、ソーシャルワーカーには似つかわしくない生物の共生論や、農家向けに書かれた土づくりについての本が並ぶようになった。

その意味では、不可能といわれていた無農薬・無肥料のリンゴ栽培を実現した青森県弘前市の農家・

木村秋則さんと出会うのも、時間の問題だったのかもしれない。

無農薬・無肥料という〝狂気の沙汰〟

私が木村さんを知ったのは、二〇〇六年一二月七日に放映されたNHKの人気番組『プロフェッショナル 仕事の流儀――リンゴは愛で育てる』をたまたま見たからである。

農作物のなかでも病虫害にもっとも弱く、大量の農薬や肥料を用いることが常識といわれるリンゴ栽培で、無農薬・無肥料を成功させるまでの軌跡をたどった感動的な番組だった。

リンゴの無農薬・無肥料栽培は、常識はずれの〝狂気の沙汰〟である。そんなことは百も承知の木村さんが、それに挑戦するには理由があった。奥さんがとりわけ農薬に弱い体質で、農薬を撒くと体調を崩し寝込んでしまうからである。「農業をやめるか、農薬をやめるか」の選択を迫られ、選んだのが後者だった。

しかし、それがいかに無謀な選択であったかは、間もなく明らかになる。

リンゴ畑には病害虫が蔓延し、葉は落ち、花も咲かない。家族は経済的に困窮し、畑の雑草を食するまでになる。つらかったのはそれだけではない。地域から村八分になり、〝かまどけし〟（かまどをひっくり返す＝破産状態）とか、〝どんぱち〟（仏教用語がなまった方言で最低の人間の意）などと陰口を叩かれるようになる。

死に場所を求めてさまよい歩いた末に……

収入も途絶え、爪に火を灯すような極貧生活と地域からの孤立のなかで、木村さんはついに死に場所を求めて納屋からロープを持ち出し、山に入る。暗い山道をさまよい歩くうちに、闇のなかで幻視を見る。すくすくと育つ〝リンゴの木〟であった。

「リンゴの木だ!」

そう思い駆け寄ると、それはどんぐりの木だった。そしてふと我に返り、普段から見慣れた山の木々を見渡したとき、木村さんは大切なことに気づくのである。

「なぜ、山の木や植物は病気にもならず、害虫にも侵されずに育っているのか」

そこで気づいたのが「土」だった。夢中になってどんぐりの木の根元を掘り返すと、そこには、木村さんの畑とは似ても似つかない微生物の活発な息づかいを示す独特の匂いとやわらかい黒土があった。リンゴに必要だったのは、多様な生物体系が息づくホクホクした土だったのである。

以来、木村さんは、雑草を刈ることをやめて、生物の多様性を呼び起こすことを心がけるようになる。結果、雑草が伸び放題で、知らない人が見たらまったくやる気のない、手抜きのリンゴ栽培にしか思えない状態までになった。近隣農家や心配する身内の苛立ちもピークに達する。

そんな状況のなか、しかし木村さんのリンゴ畑は、ゆっくりと生物全体が本来の力を取り戻す。害虫を食べる益虫が繁殖し、リンゴの葉の表面にもさまざまな菌が息づき、結果として農家を悩ませる病気の発生も抑えられるようになった。木村さん一家の苦闘は、無農薬・無肥料栽培に挑戦して八年目で報われる――。

不思議な縁、偶然の出会い

この番組は、浦河の地でも反響を呼んだ。特に精神科医の川村敏明先生は大の農業好きで、この分野の話をさせると止まらなくなる。浦河町の郊外に二千坪の土地を借り受け、山小屋風の家を建て、みずから割って庭に積み上げた薪で暖をとる生活をしている。

放送の翌日、川村先生は興奮気味に「見たかい」と言いながら私のところにやってきて、いっしょに話し込んだ。その番組の感想で一致したのは、「べてるの世界に似てるなぁ」というものだった。なるほど外来の診察場面で川村先生は「苦労ができるように〝低脳薬〟（ときには無脳薬）にしておくから」とよく言う。

それからしばらくして、知り合いが一冊の本を送ってきた。『奇跡のリンゴ――「絶対不可能」を覆した農家 木村秋則の記録』[1]である。NHKの取材を下書きにしたドキュメンタリーで、話題になっている本である。もちろん川村先生もそれを読破し、私はあわせて木村さんが農業者向けに出している『自然栽培ひとすじに』[2]も入手して読み込んできた。

このようにして私たちはひそかに「農」の世界に注目し、情報収集をしてきた。そんなとき、あの木村秋則さんが北海道の経営者団体の研修会で講演するために札幌に来るという情報をネットで入手した。木村さんとつながりをもつ絶好のチャンスだと考え、私はさっそく川村先生をはじめ浦河の何人かに「聴きにいきませんか」とメールで知らせた。

そのメールを発信してまもなく、仙台の知り合いから一本の電話がかかってきた。じつは所用で弘前に来ていて、ついでに私からも話を聞いていた木村秋則さんに会ってみようと思い立ち、連絡をとったらOKとなり、いま木村さんの家にいるというのである。

なんという偶然！

そして、「横に木村さんがいるので」と言って電話を代わってくれたのである。その声は紛れもなく、テレビで聞いたあの人懐っこい陽気な木村さんの声だった。

私は突然の電話に恐縮しながら、木村さんの経験に精神医療というまったくの畑違いの私たちが関心をもっていることを伝え、札幌で開催される講演会でお会いすることを約束した。

「脳」は「農」に学べ！

札幌で開催された木村さんの講演会では、「圧倒された」という言葉しか見つからないほどの感動がわき上がってきた。

木村さんは起きている現実に対して、眼を凝らして深く観察し、記録をとり、幾多の実験を重ね、目の前の絶望的な出口の見えない現実の壁を一枚一枚はがすようにして大切なものに迫っていく。しかしその深い執念は、ありがちな〝鬼気迫る〟ものではなく、どこかユーモラスで、命に対する信頼にもとづいたものであるような気がした。

木村さんの講演を聞いて、私はあらためて「農」のかかえる課題とその解消のプロセスに、べてるの歩みを重ね合わせた。そして、そこに深い共通性を見出していた。しかも木村さんの語る「自然農」と現実の農業のあいだにある困難や矛盾は、そのまま「脳＝精神医療」がかかえるジレンマと見事に符合している。「農の世界の経験が、精神医療の改革に重要な示唆を与えてくれる」——私はそう確信した。

農薬が多い国は〝脳薬〟も多い

木村さんの話と著書を参考にして、日本の農業のかかえる問題状況と精神医療を対比させてみよう。まず最初は、「農薬」の使い方と「脳薬」（＝抗精神病薬）の比較である。抗精神病薬の処方の国際比較を行った資料が手元にある。神戸大学医学部の藤井千太氏らの行った「抗精神病薬の処方についての国際比較研究[3]」である。

それによると、クロルプロマジン換算で、中国（四〇二・七mg）、台湾（四七二・一mg）、香港（五六六・三mg）、シンガポール（六六四・三mg）、韓国（七六二・三mg）の順で使用量が多くなり、周知のように日本（一〇〇三・八mg〈最大八一六九mg〉）はダントツの第一位である。一方、農薬使用量をみると、二〇〇二年のOECDデータによれば、日本が世界第一位で韓国が第二位となっている。抗精神病薬の順位と見事に一致している。おそらく、国民の意識や文化になんらかの共通性があるのかもしれない。

「精神科医 - 患者」の関係でみると、患者は「リンゴ」である。患者というリンゴは、そのデリケートさからたくさんの〝脳薬〟を処方され、それによって余計に生きづらさが増すという悪循環に悩まされてきた。

本来もっている力を取り戻す

その点、浦河における処方は、きわめて慎ましいものである。同じような症状を目の前にしても、処方量はおそらく数分の一だろう。できるだけ薬は少なめに、という姿勢が常にある。

「治さない、治せない精神科医を目指しています」と標榜している川村先生は、デイケアの七夕行事の短冊には「病気でしあわせ、治りませんように」と願いごとを書いた。七夕が終わったあと捨てられる運命にあったこの短冊を廊下で拾い、いまも大切に壁に貼っているメンバーがいる。

川村先生が〝低脳薬〟にこだわるのは、現実の苦労を奪わないためだという。「苦労が増えたほうがいい」というその考え方は、木村さんのリンゴ栽培に置き換えると、薬の力に頼って休んでいたリンゴが本来もっている力＝自然の力を呼び覚ますことにほかならない。

自然の力を呼び覚ますポイントは、まず「肥料」である。肥料をやらないので、リンゴの木自身が養分を求めて一生懸命に根を伸ばす。そのために大切なのは「土」である。人や機械で踏み固めずに、粗くおこし、土のなかの風通しをよくしてやると土壌菌がバランスよく育まれる。土は本来もっている力を発揮し、リンゴ自身が土中に立派な根を張るようになる。

現実の苦労のなかに答えがある

そんな木村さんのところには、自然農のノウハウを知りたいという要望が多数寄せられる。それに対して木村さんはこう答える。「答えは自然の中に無数にある」と。

この発想は、べてるの家が育んできた当事者研究という活動にも近いと思う。当事者研究では「困難を解消するヒントは、自分の苦労の真っ只中に、しかも、もっとも受け止めにくい苦労のなかにある」と考える。

最近、それをもっとも象徴するおもしろい場面に遭遇した。

前の章でも紹介した宮西勝子さんが、頭をバッティングする場面であった。浦河に来て以来、少なくとも公衆の面前ではバッティングすることがほとんどなくなり、伝説化していた〝幻のバッティング〟に運よく(？)居合わせたのである。

彼女の「罪悪感の研究」で私がいちばんおもしろかったのは、精神科医をはじめ看護者の必死の治療やケアをいちおうは受け入れながらも、じつは彼女自身が「治りたがっていなかった」ということを発見したことである。彼女の言葉を借りるならば「回復を偽装していた」のである。

誤解してはいけないのだが、彼女が引き起こす一連のエピソードは、決して「詐病」ではない。木村敏氏の言葉を借りるならば「そうしないと患者は生きていきにくい[4]」からである。

そのようにしてメカニズムはわかったが、重要なのは、頭部のバッティングに変わる「新しい自分の助け方」と復旧の仕方をどのようにして見出すかである。長年彼女はそれで入退院を繰り返し、多額な費用、時間を費やしてきたのだから。しかしその〝歴史的瞬間〟は、あっけない形でもたらされた。

車中での〝こちょばし作戦〟

先日、私はべてるでの仕事が終わり、女性メンバー四人を自宅まで送り届けるために車を走らせていた。助手席には宮西さんが乗っている。どことなく元気がない。すると「向谷地さん、私、頭を叩きそうなんだけど……」と言いはじめた。

仕事中に仲間とぶつかることがあり、罪悪感とその行き場のない葛藤の渦が胸のなかで騒ぎ出してどうしようもないという。そんなときは、以前であれば「頭を叩け！」と幻聴がけしかけてくるが、いまは身体のなかに苦しさが蓄積して、それが出口を求めて疼く感じがあるらしい。

同乗している仲間も、いままで彼女のバッティングの大変さを目の当たりにしてきたので「大丈夫だよ！」とか「叩くんじゃないよ！」と懸命に声をかけはじめた。しかしそう言えば言うほど宮西さんは「もう我慢ができないよ！」と悲鳴を上げる。そして、ついにバッティングがはじまった。それを見た私は、同乗しているメンバーに「さあ、実験開始！」とゴーサインを出した。

固く握った右手のこぶしが、まるでキツツキのくちばしのように彼女の前頭部を打ちつける。狭い車内では、後ろに乗っている女性メンバーが「やめなよ！」といって宮西さんの右手を押さえようとしたり、頭にマフラーを巻いたり、あの手この手でなんとかそれを阻止しようと手を尽くす。

そのときである。一人のメンバーが、思い余って後ろから彼女の右のわき腹をくすぐりはじめた。

するとと宮西さんは、笑いながら身体をよじり「こちょばい！」（くすぐったい）と言ってバッティングの手を休め、くすぐる手を払いのけようとした。

それを見た他のメンバーはいっせいに「こちょばし作戦」に参加した。首筋や左のわき腹をくすぐる。すると宮西さんは笑いころげながら、「もう大丈夫！」と仲間に言った。仲間がゆっくりと手を離すと、宮西さんはフーとため息をついて「止まっちゃった！」とうれしそうに言った。車内は大騒ぎになった。

「すごい、実験成功だね。でもどうして〝こちょばす〟と効き目があるんだろう？」

彼女の見解はこうだった。

「きっと笑ったからだと思うよ。笑うことで〝身体の誤作動〟が解けたんだね」

長いあいだ彼女を悩ませ、あらゆる医療的な手段や専門家のケアをもってしても効果がなく、多くの関係者の手を煩わせていた頭部へのバッティングが、〝くすぐる〟という技によって解消されたのだ。そのことが仲間の力によってもたらされた意義は大きい。まさしく答えは、当事者の苦労のなかにあったのである。

「リンゴが主人公」という〝非〟援助の思想

木村さんは、リンゴと対話しながら、手を出しすぎないように、自分の役割をわきまえた仕事をこなしていく。それは「リンゴが主人公」だということを常に心がけることである。そのなかでリンゴは、自然と調和して、もっとも自分に適った実り方を取り戻していく。

このプロセスが自然農の醍醐味だとするならば、その発想は私たちが三〇年に及ぶ浦河での実践活動から見出した「〝非〟援助」の発想と同様の奥行きをもっている。

前章でも紹介した「場の理論」で知られる清水博氏は、「病気は身体が自己変革をしている状態」であり、「厳しい環境にも耐えていける身体を自分自身でつくっていく活動[5]」と述べている。それはフッサールが言うように、人類にとって近代化が「真の人間性にとって決定的な意味を持つ問題から無関心になり目をそらす、ということを意味していた[6]」とするならば、近代化と共に顕在化した統合失調症という現象は、真の人間性にとって決定的な意味をもつ問題に関心をもち目をそらさないための「身体の活動」といえるのではないだろうか。

木村さんの自然農を完成させるまでの壮絶な歩みとそこに散りばめられた言葉と行いの一つひとつが、それを暗示しているように思えてならない。

奥方様！およしくだされ！
奥方様！
奥方様！
ええい……止めるでない！
ペリー来寇
安政の大獄
桜田門外の変
これらの災い皆全てわらわに原因があるような気がしてならぬ！
かくなるうえは自害せねば徳川家に顔向けできぬ
お待ち下され
無礼者！放しやれ
あっちょっと待てそこはくすぐったい……
こ、これっ
うひひっ……くすぐったいと申して……ひひひ……おるのが……
こちょ こちょ こちょ こちょ
ひはははは
止めよ…
わははは
くすぐりは卑怯……
わひゃひゃひゃ
も、もうよい……
ひゃひゃひゃひゃひゃ
ぽろっ
こちょ こちょ こちょ こちょ こちょ こちょ

わかった──
わかった!!
ひゃははははは
はあ
はあはあ
もう短気は起こしませぬな?
起こさぬ起こさぬ
こちょ
こちょ
しかし面妖なただ笑っただけで気分が落ち着くとは
理屈は要りませぬ『奥方様が思い留まった』──それだけでよいではございませぬか
左様!よいではないですか
まことによいことじゃないかと……
うむ、拙者もええじゃないかと思いまする
うむうむ
ほんにほんに!わらわはなんだか気分が浮かれ始めましたぞ
浮かれたってええじゃないか
くすぐったってええじゃないか
よきフレーズじゃ
わははは
ええじゃないか
ええじゃないか
ええじゃないかっ
「ええじゃないか」騒動の原因は彼女にあった
完

鼎談

リンゴのストレングスモデル

木村秋則（リンゴ農家）
川村敏明（浦河赤十字病院精神神経科部長）
向谷地生良

青森県に、農薬をいっさい使わないでリンゴを育てている農家がある。農薬を使わないで野菜や果物をつくる農家は数多くあるが、農薬を使うことを前提にたび重なる品種改良を続けてきた「リンゴ」という果物を、自然農法で育てるのは不可能といわれていた。その不可能を可能にしたその人が木村秋則さんである。

木村さんのつくったリンゴは何か月たっても、しぼんで小さくなっていくだけで腐らない。木村さんのリンゴを使ったスープが売り物の都内のレストランは、半年先まで予約がいっぱいだ……。
噂が噂を呼び、2006 年 12 月に NHK の人気番組『プロフェッショナル 仕事の流儀』に木村さんが登場すると、さらに話題になった。木村さんの満面の笑顔が表紙になった『奇跡のリンゴ』（幻冬舎）は数十万部を超えるベストセラーになり、全国から講演依頼が引きも切らないという。

北海道の襟裳岬に近い浦河の地でも、この番組は大きな反響を呼んでいた。放映の翌日、趣味の農業の話をすると止まらなくなる精神科医・川村敏明さんと、「べてるの家」を当事者と一緒につくったソーシャルワーカー・向谷地生良さんは興奮気味にこう語り合った。「べてるとおんなじだ!!」と。

鼎談者紹介

木村秋則（きむら・あきのり）

1949年、青森県中津軽郡岩木町生まれ。弘前実業高校卒。20代前半より農業を始め、当初は農協の指導に沿った通常のリンゴを栽培していたが、完全無農薬・無肥料での栽培を始める。10年近い無収穫時代を経験し現在に至る。彼の農法に賛同する生産者が全国で増加し続けており、その指導にも力を入れる。

川村敏明（かわむら・としあき）

1949年、北海道森町に生まれる。北海道大学水産学部に入学したが3年で中退。その2年後に札幌医科大学入学。卒業後1982年から2年間、研修医として浦河赤十字病院精神科に勤務。1988年に再び浦河へ。現在、浦河赤十字病院精神神経科部長として、べてるの家を陰で支える。

向谷地生良（むかいやち・いくよし）

1955年、青森県十和田市に生まれる。1974年に北星学園大学社会福祉学科入学。特養ホームに住み込んだり、難病患者や脳性麻痺の障害をもった当事者たちとかかわる。卒業後、浦河赤十字病院でソーシャルワーカーとして勤務。当事者と教会の一室に住み込み、1984年に彼らとともに「べてるの家」を設立。

すべては観察からはじまる
――ファーブルさんは忙しかった？

向谷地　私たちは、北海道の浦河という過疎の町から来ました。「べてるの家」というところを活動の拠点にして、三〇年くらい前から精神の障害をかかえた若い人たちと会社をつくったり、いろいろなことやってきたんです。

川村先生は統合失調症といわれてる人たちの治療を、私はそれを生活面で支援するという仕事をしてるんですけど、木村さんの本を読ませていただいたとき、リンゴの木と患者さんって似てるなあと思ったんですね。どちらも、ちょっとストレスをかけると病気になったり、バランスを崩すとか。

すごい量の薬を投入して実をならせようとしてきた歴史というのも、リンゴの木と患者さんはよく似

木村秋則さんの無農薬リンゴ

農薬を撒くと倒れ込んでしまうほど奥さんが農薬に弱い体質だったため、木村さんは無農薬でのリンゴ栽培を決意する。病原菌を防ぐために農薬に替わるさまざまな物質の散布を試してきた。しかし結果が出ない。

無農薬を試して6年目、失意の木村さんは、ねぷた祭りの前の晩、自殺を決意してロープを手に岩木山をさまよう。

そこで見たのは、健康な葉をびっしりとまとったドングリの木だった。

山の中の木は、何も肥料をやらないのに、誰も手をかけないのに、なぜあれほど豊かに育つのか。なぜ害虫にやられないのか。なぜ病気で葉を落とすことがないのか――。

木村さんの自然農法は大きく転回する。自分は農薬の代わりに虫や病気を殺す物質を探していただけなのだと悟った木村さんは、畑にトラクターを入れるのをやめ、雑草を刈ることをやめた。あの山の木が育った土のように、やわらかく、さまざまな微生物の放つ香りがツンと鼻を突く土づくりを目指した。

実りを約束するリンゴの白い花が木村さんの畑一面を覆い尽くすのは、それから数年後のことだった。

ストレングスモデル

これまで当事者の短所に目を向けて「できないことをできるようにする」ことを援助の目的にしがちであったが、近年では「できること」に着目し、その長所を表現できるように支援していこうという潮流が、高齢者や精神科をはじめとしたあらゆる領域で活発になっている。「強さ」に着目したモデルという意味で、これをストレングスモデルという。

てますね。木村さんの本にも書かれてましたけど、農薬を使う量は日本がダントツのトップ、次が韓国ですね。実は精神科の薬の使用量も日本がダントツ、次が韓国なんですよ。

木村　そうなんですか。

向谷地　木村さんが言われているリンゴを育てるっていうことと、人を育てるってことが同じじゃないかなっていうことで、今回ぜひお目にかかりたかったのです。精神を病むというのは一種の「人の環境問題」とも考えられるし、農業の〝農〟と頭の〝脳〟がつながるんじゃないかというような感じもありましてね。

木村　私、百姓ですから、百姓の立場でしかものを言えないんですよ。私思うにはよ、たとえばリンゴの木が育ちやすいという環境を整備してあげるには、「もしも自分がリンゴの木だったらこんなことは嫌だろうな」「こんなことは好きなんだろうか」と、相手の立場に自分を置き換えてものを判断する。それを私、やってきたわけですよ。

数え切れないほどの失敗をしたんだけれども、失敗の結果たどり着いたのがそれ。人の手が入っていない山の生態を、畑に再現したらいいんじゃないかと。

そのほか野菜とかお米とかいろいろつくってきたんですけど、すべて同じでした。つまり「自分がもしリンゴの木だったらイネだったらどう思うか?」と、それだけを見てきたわけです。

向谷地　川村先生は木村さんの本を読んだり、テレビで見たりして、医師の立場と重なるのはどういうところだと思われますか?

川村　いままで「治療」としてやってきたのは、ひたすら病気と人間の管理ですね。農業も精神科も、「薬を使って押さえつける」ところが同じなんです。でも木村さんは「その木本来の力を引き出す」というやり方なんですね。われわれも人間本来の力をどう引き出すかを考えるのが精神科のあるべき姿だろうなって思っていたんですが、木村さんの本を読んで、まさにそこがわれわれと近いと勝手に思ったんですよね。

今日、実際に畑を歩いてみてよかったのは、ただ薬を減らすとか使わないとかだけじゃなくて、私たちに足りなかったこと、見ていなかったこともわかったことです。木村さんの木への向き合い方がものすごい。本当に虫ひとつ見る姿を拝見するだけでも、なんかすごく考えさせられたね。こういう見方があるんだなって。

木村　いや、私さ、自分のやってることがすべて正しいとは思いません。私こんなことも言われました。「あなたのような栽培をしていると、人間、餓死する」って。それは私のリンゴが長い間なっていない姿を見て言ったのかもわかりませんけども、できないということを前提にして考えるからそういう考えが生まれるんであって、「どうしたらできるか」という考えを持ったら、実現により近くなるんじゃないかなと思うんですよ。「できないんだ」という発想を転換する必要があるんじゃないかな。農学と

『自然栽培ひとすじに』木村秋則著、創森社、2007 年（定価 1680 円）
木村さんの画期的な農法と、その発見の過程をみずから記した初めての本。

この本３週間くらいで書いたんですよ。仕事終わって、寝る前にちょちょちょちょって、原稿用紙なんてないもんだから、コピーの失敗したやつの裏に書いて。
社長さんがよ、３年で 2500 部売れたらいいと思ってくださいとな。そこをわかってくださいとか言われたんだけども。NHK の「プロフェッショナル」に出してもらう半年くらい前にこの本を出してるんですが、テレビに出たら売れるわ売れるわ(笑)。どうやら肥料や農薬を利用しない私の栽培も、市民に理解を得られた感じです。

いうのも、肥料や農薬を使うことを前提とした学問になっているんですよ。

ですから、みなさんに質問しますよ。私が小学校二年生か三年生のとき、「てんとう虫はアブラムシを食う良い虫だ」って必ず教科書に出てきました。じゃあ、そのてんとう虫一匹は、一日に何匹のアブラムシを食べると思います？

編集部　……六〇匹くらいですか？

木村　ほかには？

川村　アブラムシってちっちゃい虫だもんね。

編集部　一五〇匹くらい？

木村　一五〇匹ね。はい。実際は五〜六匹でした。

一同　五〜六匹！

木村　だって私、毎日てんとう虫とアブラムシを見てたの。そうすると、てんとう虫の上をアブラムシが大勢が歩いていくわけよ。ってことは、アブラムシはてんとう虫がこわくないから歩いていくんだよね。てんとう虫はじっとしてるだけ。ていうことはよ、たまたまファーブルさんがよ、てんとう虫が食べてるときに、そこにいただけなのかもわかんないですよ。

編集部　その偶然を必然的な法則のようにして言ってしまったのがファーブルだという話ですか！

木村　ファーブルさんとさ、ダーウィンさんが生物のすごく太い柱になってると思うの。でもあれ、すべてが正しいとは思いませんよ。

川村　ファーブルさんはてんとう虫が食べてるところを見たのかわかりませんけど、じっとしているところまで見る暇がなかったんですね(笑)。一日中は見てないもんね。

木村　そう！　そういうのが正しいって伝えられているだけじゃないかなと思うの。

虫ってよ、最初から体を寄せていくと逃げて散らばってしまう。ところが静かにだまって一時間くらい見てると、人だと思わないで動きを始めるわけ。

一時間もだまっていると、害をしないと思うのかどうかわからないけど、また活発に動いて……。

小さいからよ、虫眼鏡で見ているわけ。そしたら天気がいいときには、虫眼鏡のレンズの焦点が合ってしまってよ、虫が煙出してしまって！

（一同爆笑）

人間がわがもの顔の時代
——ニュートンさんが悪いんじゃないか？

木村　私の脳ミソは味噌汁になるくらいしか役に立たないけどさ、いま人間は、両手両足取られた置き人形みたいになってるんじゃないかなと思うよ。だから持っている力を出せないんじゃないのかな。そこに必ず伴うのが数字です。たとえば、病気になったからナントカという薬を何cc投与したとか、何と何を混ぜて投与したとか、あるいはリンゴの病気についても、この病気の薬は一kg入れなきゃダメだと、この病気の薬は五〇〇gでいいとか。それは見た目で押さえてるだけ。それが現代農業といわれるものの一つの特徴じゃないかな。
スーパーで買ってくるキノコと、山から採ってくるキノコを冷蔵庫で保管してみるでしょ。一週間くらいすると、工場みたいなところで生産されたキノコは必ずカビが生えて腐ります。山から採ってきたキノコはただ枯れていくんですよ。誰もそこまで見ていないから結果がわからないだけなんですよね。……まあそんなことばっかりやっているんで、私自

『奇跡のリンゴ』石川拓治・NHK「プロフェッショナル仕事の流儀」制作班著、幻冬舎、2008年（定価1365円）

これはもう20万部越してるって。まあ私何もしてないからよ。あれ私書いたんじゃないよ。石川拓治さんが書いてくれたんだ。石川さんが2年近くの歳月を費やして本当によくまとめてくれました。私が書いたんならよ、ジャガー買ってるかもわからないけど（笑）。

身が精神障害者のようなものであって（笑）。

向谷地　本の中にも、幻覚とかそういう話いっぱい出てきますよね。宇宙人に会った話とかね。

木村　あれは先ほど皆さんが足を入れた畑での出来事でしたからね。……そんなこと書くと、また木村頭おかしいんじゃないかとか言われてしまいますが。でも人間って、幻覚と現実の狭間を生きてるんじゃないかなって思います。

　というのは、私、無農薬栽培をはじめて六年目でしたが、自殺しようとして山に入って、木にかけたロープが外れた。そのとき実際に見えたのはドングリの木だったわけです。細いドングリの木。にもかかわらず私にはリンゴの木に見えたんですよ［※1］。それが人間が持っている大切な潜在意識じゃないかなと思うわけです。……だから、大切なことはそんな単位なんかじゃ表せないわけですよ。私はあなたを一〇kg愛していますとか、五kg愛してるとか。

向谷地　統合失調症がいつ始まったかというと、近代、つまり人間が物事を数字に置き換えて考えるようになってから起きたんじゃないかっていう文章を最近読みましたが。

木村　いやー、本当にさ、ニュートンさんが悪いんじゃないかな（笑）。言い方を変えれば、みんな人間中心の数字や経済の犠牲者なんじゃないかなと思うんですよ。

　今度の本（『リンゴが教えてくれたこと』）にも書きました。もしも神様がいて、この地球上のすべてのものの願いを一つかなえてあげると言ったら人間はなん

※1　死んでお詫びをしようと思ったのです。……明るい満月でした。弘前の夜景が眼下にまたたいていて、きれいな夜でした。……もうこのあたりでいいかと見回すと、ちょうどいい具合の木が見つかりました。よし、ここで、とロープを枝に投げたら、勢い余って指からすり抜けて飛んでいきました。なんてドジなんだと思いながら、ロープを拾いに斜面を少し下りようとして目をあげた時です。月光にリンゴの木が浮かび上がっている。（木村秋則『リンゴが教えてくれたこと』日本経済新聞社、六四―六六頁より）

と答えたでしょうって。「幸せになりたい」と誰もが願うでしょう。では、鳥や昆虫、木や魚や石はなんと答えたでしょう。私は「人間がいなければ」と言ったんじゃないかと思うんですね。

というのは私、以前トウモロコシを作っていたときに、タヌキの被害を受けた。で、子ダヌキを捕まえたんだけど、そしたら、わが子を助けようと親ダヌキが出てきたんですね。ここに人間というものがいるのに、自分の身をかえりみずに。でも、もしも私がここに畑をおこさなければ、彼らは自由に生活できる天国だったんですよ。そこを私という人間が自分の夢をかなえるために畑にして、トウモロコシを植えた。

だから私は、タヌキにしてみると困ったもんだなと。自分たちが悪かったと思ったから、商品にならないトウモロコシをいっぱい置いてきたわけ。彼らもなぜそれがわかったのかは不明だけれど――タヌキ会議を開いて、あそこはヤメにしようと言ったのかわからないけれども――それから三年間トウモロコシを栽培しても一本も被害がなかった。

『リンゴが教えてくれたこと』木村秋則著、日本経済新聞社（日経プレミアシリーズ）、2009年（定価893円）

《リンゴは古来、農薬で作ると言われるほど病虫害が多く、人々はその戦いに明け暮れてきたと申し上げても過言ではありません。生産者の技術以上に肥料、農薬会社の研究開発が現在のリンゴ産業を支えてきたと思います。しかし、私は肥料、農薬なしには栽培不可能というリンゴの栽培史に、ようやくピリオドを打つことができました。》……本書「はじめに」より私、そういうのを見ると、あまりにも道具とか知識を使ってこの世界をわがもの顔で生きてるのがこの人間でないかなと。

「ありがとう」という言葉が出るとき

向谷地　アイヌの人たちの農業のやり方と近い考え方ですね。昔のアイヌの人たちは、収穫したいくつかを自然に返したそうです。全部採ったらだめだって。

木村　実は私、リンゴができなくて生活できなかったとき、北海道の山の中に二〇人で入っていって、テントの中で生活したんですよ。

向谷地　えっ、どこの山を?

木村　有珠山から始まって最後が岩見沢でした。そのとき、一九人がアイヌの人、私一人が県外。二〇人とそこで一か月生活して、また別なところへ移って一か月生活するわけですよ。初めのうちはちょっと距離があるわけ。すごい毛が濃い人たちだなとか(笑)。それに一九人みんなオノさんだもの。オノさんと言えば、みんな、ハイ、ハイ、ハイと返事する。

一ヘクタールの単位で、一人ひとり現場を割り与えられるわけ。私も一ヘクタール、オノさんも一ヘクタール。あんまり近い場所でやると伐採された木で怪我をするからね。あの仕事は怪我で終わらないから、死ぬか生きるかなんですけど。

彼らはそこの一ヘクタールの中で、いちばん太い木に鳥居をつくるんですよ。そしてコップにお酒を入れて、どうか怪我のないように無事この仕事を終わらせてくださいって祈るわけ。

「内地のあんちゃん、ここには山の神様がいるんだよ」「木を切るということは木の命を絶つことだから、あんちゃんもきちっとお礼とお詫びとお願いをしなさい」って言われたんです。だから私もナタで細い木を切って小さな鳥居をつくって、水筒入れたお酒――寒いからお酒っていっても焼酎なんですけど――を、コップは持っていないのでポットのふたを利用して、この現場で事故のないようにとお願いしました。そうやって場所を移って歩くわけ。だけど、特別怪我もしないでみんな終わったんです。やっぱり、自分たちが生かされていることに対して感謝の気持ちと態度をとるのが正しいんじゃないかなと思いました。

向谷地　そうですか。

ああ、この道をまっすぐ行ったんですね。(自殺のために用意した)ロープを持って。いま煙って見えないけどあれが岩木山です。ただまっすぐに行った。沢があっても沢を避けていくんじゃなくてまっすぐずんずん行った。……岩木山、いい山ですよ。

木村　でも、そうはいってもさ、私も生活がかかっているわけですよ。私の背中には家族という、私がこの栽培をやったために味わったことがない地獄を味わわせている人たちがいる［※2］。万策尽きた自分に対して、もう自分には何もなくなってしまったし、頭の中にあるものすべてを使い尽くしてしまった。ところがさ、リンゴは少しもよくなる気配が見えないわけ。それで自然に木に話していた。「一個でも実らしてちょうだい」って。それでも枯れていくから、そのうち「実らなくてもいいから枯れないでちょうだい」って。これが実際の姿です。

だから無農薬栽培をはじめて八年目に、七個花が咲いて二個実ったとき、私にとってみれば、また家

※2　電話はとっくの昔に通じなくなっていたし、どうしても必要な電気や水道代を払うために金策をしなければならないほどだった。……健康保険証も取り上げられていた。子どものPTA会費も払えなかったのだ。……鉛筆がチビて持てなくなると、妻が二本をセロテープでつないで使わせた。消しゴムは一つを三つに切って渡した。(石川拓治他『奇跡のリンゴ』幻冬舎、八八頁)

族にとってみても、変な言葉かもしれないけど、新しい夜明けだったんじゃないかなと、新しいページだったんじゃないかなと思うわけですよ。

　ですから、さっきの愛が五kgとか一〇kgと言うんじゃないけれど、ただ「ありがたい」という気持ち。一kg、二kgで表せない、量ることのできないありがたさ、というのを味わいました。その気持ちはいまも変わらないです。収穫してリンゴの選果をするとき、何ブツブツ言ってるんだといつも聞かれるけど、私は「ありがとう」って言ってるんです。

川村　やあ本当にさ、毎年不思議だなと思う。何もやっていないのにな、なんでリンゴがなるんだろう。ふしぎな世界です。

川村　リンゴの木そのものの力に対する感謝ですね。木村さんは最初から、木とか土とか、木村さん以外の力が大事だと思ってたんですか？

木村　いや、そんなことない。

川村　というのはね、われわれも薬で治そうとか最初は思うんです。そしてがんばるんです。でも、がんばればがんばるほど治らなくてだめになっていくっていう歴史があるんですよ。

木村　それはさ、私もよく考えました。……あの、溜池にピンポン玉投げて、それを岸に寄せるのにどういうことします？

川村　うーん。黙ってたって来やしないけど。

木村　(手前に水を掻くしぐさをしながら)私、最初はこう引っ張ったの。でも引っ張ると来ないの。だんだん遠ざかっていくの。

川村　実際にやってみたんですか。

木村　ええ(笑)。そして逆にこっちからそっちに押してやるとこっちに来るんです。

向谷地　そうかもしれないですね。

木村　よく海で水泳やって、何かわからないけど急に沖に流された、そして不幸にして亡くなったという事件が毎年あるわけですよ。波が打ち寄せてきて海岸にぶつかって向こう行くんですよ。

向谷地　引き波ね。

木村　だから、それを逆にしたら……。

川村　精神科の治療のなかでも「底つき」といって、どん底から、そこがターニングポイントになって変わっていくという瞬間があるんです。それと似てますね。

なぜ、ドングリがリンゴに見えたのか

川村　木村さん、最終的にはお手上げで、首吊ろうとするでしょ？　それはただお手上げするんじゃなくて、虫も土もいろいろ観察しつくして、最終的にお手上げだったんですね。だから山の中でドングリがリンゴに見えたのは幻覚だけど、リンゴに見える力が木村さんにはあったんじゃないかと思うんですね。普通の人は倒れてもリンゴには見えない。ド

私は、リンゴが長い間実らなくて、もう自分の手段がなくなってしまったので、話しかけて一本一本お願いして歩いたんです。私の言っていることがわかるのかわからないのか、私にはわからないわけですよ。一方的な会話です。
だけど隣接園の近くの右の木には見えを捨てきれなくて恥ずかしくて一言も話してあげなかったんです。そしたら幹の太さがまったく違うんですよ。信じられないでしょ。
それで知り合いの脚本家が、「あんた、30年も突っ張り通さないで、もうやめなさいよ。そろそろなったらどう」ってこの木に話しかけていたんです。私離れてそれを聴いていたんですよ。そしたら次の年5個咲いたの！（笑）
だからよ、自分はリンゴと会話はできないけれど、リンゴの木は人間の言葉はわかっているんじゃないかなと。

ングリをドングリにしか見る力がないと思うんですよね。

それまでのものすごい真剣に向き合ってる時間があるから、ただのどん底じゃない。価値あるどん底と言ってもいいけども。

木村　あっはは。

川村　世の中にどん底だと思う人はたくさんいるかもしれないけれど、やっぱり違いますよ。

向谷地　そうだね、同じどん底でも。

川村　取り組んで取り組んで取り組んで、必死で必死で……のどん底だから、思いっきりどん底だもんね。筋金入りのどん底(笑)。

木村　喜んでいいのかな(笑)。

川村　だからこそ見えてくるものって、いっぱいある気がするんですよね。

向谷地　ちょっと話が変わるかもしれないけど、木村さんがそこまでどん底になるってことは、いちばん身近な奥さんもどん底になってたわけですよね。

木村　うん、家族みんな。

川村　家族のみなさん、耐貧力があるんですかね。耐貧性というか(笑)。普通のうちだったらみんな不満を言って、それこそ……

向谷地　出ていくとかね。

川村　野菜に絞ってつくってくれとか、普通はそうなりますよね。

木村　いや私さ、自分が洗脳したのかわからないけど、家族には「去年より葉が元気に見えないか?」とか。

川村　向谷地家とおんなじだな。

(一同爆笑)

木村　そう言われるとさ、窮地にいるときは不思議にそう見えるんだよね。そして「その証拠にダニもいなくなったし」とか。まあほんとにダニはいなくなっていたんだよね。そうすると、言ってることがものすごく信憑性に富んでるわけよ。

向谷地　木村さんも家族の人たちも、ただただがんばったわけじゃなくて、一歩一歩そういうものを実感してたわけですね。

木村　うん。……私の失敗の主たる原因は目に見える部分だけを見ていたということですね。土の上だけを見ていたということが私の長い間の失敗の大きな原因です。山へ行かなければ土の中を見ようなんてことはなかったと思うんです［※3］。

　私六年さまざまなことを試しましたが、けっきょく、土の上だけ見てきたわけですよ。土の中は見ようとしなかったんです。まず関心もなかったし。それに気づいたのがタンポポなんですよ。

　山のタンポポ、肥料をいっぱい施している畑のタンポポ、それから私のタンポポをそれぞれ見て歩きました。山のタンポポは丈が五センチくらい。そして花がでかい。肥料も何も使っていません。肥料を施している畑のタンポポは丈が一〇センチくらいだけど、花はもう可哀想な花。そして葉の後ろを見ると、農薬を散布しているにもかかわらずアブラムシでいっぱいでした。山のタンポポには、一つも虫がいません。農薬を使っていないのに、なぜだろうと。答えは土の中です。六年過ぎてやっとわかったわけ。それで自分の畑のタンポポが山のタンポポと

※3　こんな山の中でなぜ、農薬を使っていないのにこれほど葉をつけるのか。なぜ虫や病気がこの葉を食いつくさないのか。その木の前に呆然と立ちすくんでしまいました。……足元はふかふかで柔らかく湿気があります。雨のせいではありません。クッションを敷き詰めたような感触です。そして突然稲妻に打たれたかのように、「これが答えだ」と直感しました。（木村秋則『リンゴが教えてくれたこと』、日本経済新聞社、六七頁より）

自然というのは、学問のすべての宝庫じゃないかなと思います。ですから私はいま、世界各地の偉い先生方に「学問は間違えてるよ～」と強く言える（笑）。穴を掘ってみてその違いがわかる学問はないでしょう？学者っていうのは、成分を分析する。たしかにそれも大事。いま麦の種を分析すると、120種類までその成分が分析できる。じゃそれらを合わせて発芽する種子ができるか、といったらできない。だから分析も必要だけれども、全体を見る学問も必要じゃないですか。

同じになったら、リンゴの木は必ず実ってくれるんじゃないかなと、そう思いました。……そしたらそのとおりでした。

向谷地　やっぱり現場だよね。私も病気をもっている人たちと仕事しててね、やっぱり現場なんですよ。その人たちからわかること、その人たちからしか見えてこないものがある……。

「農」の力

木村　こういう例がありました。中学の入学式が終わった後、二か月間行ったか行かないかという時期に、うちから一歩も出なくなった子どもがいたんです。いじめにあったと思うの。ちょっと知ってた関係もあって、担任が私のところに来た。私もよくわからないけれども、「うちの畑では百姓よりほかはできないよ。それでもよかったら連れてきなさいよ」と言ったわけ。そしたら何日かしてお母さんとその先生と一緒に三人で来た。

私、失敗しないものをやらせようと思って、大豆と大根を植えてもらったんだ。畝《うね》は私が立ててあげて、ここに種をまけばいいよと。大豆の種は大きいけれど、大根の種は風が来れば飛ぶような小さい種なんですよ。いい加減にやると大根の種は見えなくなるわけだ。私は、その小さい大根の種をどうやって植えるか見てみたかったの。

大豆は私がこうして植えるんだよと植え方を教えてあげた。そしたらその通りやった。大根は教えなかったの。同じにやるのかなと思ったら、小さい種だから、彼は手の平の手相の溝を利用して、風に飛ばないようにしてるわけだ。そういう工夫ができるじゃないかと思いました。

でも会話はなし。そこにただロボットが種を置いてるような。その次の日も来たけれど、全然一言も言わない。その次の日も来た。いるのかいないのか存在感がまったくないわけよ。三日目か四日目だったと思う。私、はしごに登って作業していたの。その子が下に来たんだけれども、わからないんだ。そういう存在感のない人って足音もしないの（笑）。そして私を見て、「芽出た」。それが最初の言葉。

川村　本人も芽が出たね（笑）。

木村　そうして葉っぱがだんだん大きくなっていく。あるとき、その中学生の豆が鳩の被害を受けたの。半分以上被害を受けたかな。悔しかったと思う。ブツブツと何か言ってるような気がしたんだけど。けっきょく会話してるわけよ、大根と。人とは会話しないけど、生き残った豆に対して、おそらく「がんばれよ」とかなんとか言ってると思うの。

それからはしごの下に来たり、言葉数がだんだん多くなってきた。初めにいっぱい生えたら間引きしなさいと言ってあったので、「いっぱい生えた、いっぱい生えた」って何回も言いにきた。

川村　覚えてたんだ。

木村　どれどれと、こういうのは手をこうして抜けば相手の根も傷まないだろうと、こうして抜くん

大根やタンポポも、毎日日の出から日没まで、太陽と同じ方向に回っている。だから、2本足、3本足の大根はまっすぐ伸びていない。時計方向に回っている。時計と逆方向に回っている2本足はないのよ。だから抜くときは時計と逆に回す。……まっすぐ生えていたらネジだって締まらないわけさ。

カゲロウなんてよ、虫眼鏡で見ると怪獣だよ。恐竜の背中に近いよ。黙って虫眼鏡で追ってたらよ、ハシゴから落ちてしまってよ（笑）。
土の中に蜘蛛とか虫がいるんだよね。それを黙って見ていたらよ、近所の人は、「まあ、よく昼寝してるねって」。でもそうじゃないわけよ。木の上の虫は下に来ない。下では生活しないの。下にいる虫も上にあがらない。必ず何かに食われるから。だから彼らは脳あるんじゃないかと。こういうことってさ、教科書に書いてないわけよ。

だよと、会話はないけれど教えたの。そしたら、それまでは一日に一回来るか来ないかだったのが、三回、四回、五回と増えていくわけ。で、タンポポの根っこくらいの大根を抜いて持ってきた。大きくなったって私に教えてくれたんだね。よかったねと。あんたがこうやって大事に育てたから大きくなったんだよ。今日それうちに持って帰って味噌汁にして食べてごらん。辛いけどうまいから。

そんな会話をしたんです。何日かしたら、大豆と大根のところに行く前に、私のところにニコニコして来るようになった。彼、いま何やってると思う？

編集部　農業やってるんですか？

木村　中学校きちっと卒業して、高校出て、大学行って中学校の先生になったの。あの大根と豆の畑が彼を救ってくれたのかなと思ってる。

川村　木村さんの畑では先生も採れるんですね（笑）。

木村　だからさ、産業のいちばんの基本である農業というのはさ、何か人間の心を癒してくれる働きがあるんじゃないかと思うんですよね。

正直言ってよ、少年院の子たちも、五体満足だけど一つの精神障害者ですよ。以前、東北と北海道の刑務所の所長やってきた人と帯広で会ったんですよ。そしたら「裁判で涙を流す人は反省したためしがない」って。もう誰から見てもまったく反省していないという人ほど更生していくってな。

向谷地　反省する人はダメだと。べてるとおんなじだ!!

木村　私が感心したことはよ、その所長さんは退職してから、自分が世に送り出したすべての人を訪ねて日本全国歩いてるんですよ。青森県にも一人いて、彼はいまお米づくりをやっているという。裁判のとき判決文に、反省の色まったくなし、被害者に一言のお詫びもしないと書かれた人です。その人がお米をつくって、被害者の家に毎年そのお米を自分が届けてるってな。宅配便を利用するんじゃなくって。そういう人がいるっていうのを、一杯飲みながら聞いた。

人間の北側

川村　木村さん自身の「命を育てる力」みたいなのはどこから来たんですかね。

木村　私が?

川村　木村さんといると、たいていの人はイキがよくなるっていう感じがするんですけど。

木村　ありがとうございます。

川村　いや、テレビで木村さんのこの笑顔を見て全国の人は衝撃を受けたと思いますよ。ヤクザの親分が木村さんのところまで来たって話もありましたよね。

木村　名前は言えないんだけど、そのテキヤさん、『奇跡のリンゴ』を読んで泣いてしまったと。部下たちに買いに行かせて、自分の関係する人たちに配ったそうなの。

「生かされている」って言葉あるでしょう。私はそれだけではダメだと思う。生かして生きなきゃダメ。ただ生かされているんじゃ草木にもとるわけよ。智恵あるんだからな。
草見たら、なんで雑草が生えているとか、土のにおいはどうかとか、自分の畑の土のにおいとどう違うとか。
「与えられたところをいかに生かすか」――これは人間にとっていちばん大事なことじゃないかと、そう思うわけです。

葬儀組合の理事長さんが話してくれたんだけど、いまの若い人たち、交通事故で不幸にして亡くなっても死臭がしないって。夏場でもドライアイスが、10年前に比べても半分以下になったって。「仏さまと接するのは遺族の方よりも私たちが多いんです」ってな。ほとんどお任せするから。
彼は「防腐剤じゃないか」って言ってました。食べ物と一緒に防腐剤を食べてるからドライアイスがいらないんだってね。

編集部　それでたくさん売れたんだ。

川村　全テキ連公認テキスト(笑)。

木村　で、本に名前だけでも書いてくださいと来ましたよ。一〇時間も車走らせてだよ。びっくりした。

編集部　木村さん自身も作物なんじゃないですかね、畑の。

木村　その人の持っている力を発揮させるところを発見するのが先生方の仕事じゃないかなと思うんですよ。この人は野菜にたとえると大根なのか、豆なのか、はたまたニンジンなのか。でも一般的な農家の人は肥料を使うから、野菜の植え方がみんな同じなんです。私の場合は肥料も何も与えないから、その野菜の特性を生かしてやらないといけないわけ。だからトマトは水が嫌だから高い畝にしましょう。キュウリは水を好むから低い畝にしましょう。トウモロコシは中間の畝を立てましょうと、それぞれそのものが持っている特徴を生かしてやる。その舞台を作るのが本当の治療じゃないかなと思います。

川村　大学で聞きたかったなぁ……。

向谷地　特徴を見出すのが、観察ですよね。ほんとにすごい観察力です。

木村　だってよ、観察するのに正面で観察したら答えないんだもん。虫や小さい野菜とかは北側から観察したの。

一同　……。

木村　南側は太陽があって、みんな元気いいの。北側はお日様のあたりが少ないから本当の姿を見せるのさ。

向谷地　あぁ、人間も北側に回らないといけないんですね。

川村　木村さんのところに一回来た人は何回も来るんじゃないですか。木村さんの話が聞きたくて。

(『看護学雑誌』二〇〇九年九月号より)

文献

第1章
1 ロロ・メイ他編（伊東博他訳）『実存、心理学と精神医学の新しい視点』岩崎学術出版社、五二頁、一九七七年
2 中西正司、上野千鶴子『当事者主権』岩波新書、二〇〇三年

第2章
1 朝日新聞二〇〇五年二月二六日夕刊
2 時事通信二〇〇六年一二月一二日
3 浦河べてるの家『べてるの家の「当事者研究」』医学書院、二〇〇五年
4 中井久夫、山口直彦『看護のための精神医学 第二版』医学書院、二〇〇四年
5 金子郁容『ボランティア——もうひとつの情報社会』岩波新書、一九九二年
6 神谷美恵子『生きがいについて』みすず書房、一九六六年
7 神谷美恵子『人間をみつめて』みすず書房、二〇〇四年

第3章
1 フィリッパ・ガレディ、デイビッド・ヘムズレイ（丹野義彦訳）『妄想はどのようにして立ち上がるか』ミネルヴァ書房、二〇〇六年
2 向谷地生良、浦河べてるの家『安心して絶望できる人生』NHK出版、二〇〇六年
3 ブレーズ・パスカル（前田陽一、由木康訳）『パンセ』中央公論新社、一九七三年
4 ミルトン・メイヤロフ（田村真、向野宣之訳）『ケアの本質』ゆみる出版、二〇〇六年

第4章
1 鷲田清一『「聴く」ことの力』阪急コミュニケーションズ、一三頁、一九九九年
2 鷲田前掲書、一三頁
3 鷲田前掲書、二〇六頁
4 佐治守夫、飯長喜一郎編『クライエント中心療法』有斐閣新書、六六頁、一九八三年
5 浦河べてるの家『べてるの家の「非」援助論』医学書院、一一四頁、二〇〇二年
6 ユージン・ミンコフスキー（村上仁訳）『精神分裂病——分裂性性格者及び精神分裂病者の精神病理学』みすず書房、一九八八年
7 フィリッパ・ガレディ、デイビッド・ヘムズレイ（丹野義彦訳）『妄想はどのようにして立ち上がるか』ミネルヴァ書房、二〇〇六年

第5章
1 デイビット・エプソン『ナラティブ・セラピーの冒険』創元社、二〇〇五年
2 パウル・ティリッヒ『存在への勇気』新教出版社、一九六九年
3 古川孝順、岩崎晋也、稲沢公一、児島亜紀子『援助するということ』有斐閣、二〇〇二年
4 野口裕二『物語としてのケア』医学書院、二〇〇二年

第6章

1 池渕恵美「「病識」再考」、『精神医学』四六巻八号、二〇〇四年

2 カール・ヤスパース（内村祐之、西丸四方、島崎敏樹、岡田敬蔵訳）『精神病理学総論』岩波書店、一九五三年

3 フロレンス・ナイチンゲール（湯槇ます訳）『看護覚え書』現代社、二〇〇〇年

4 ユージン・ミンコフスキー（村上仁訳）『精神分裂病――分裂性性格者及び精神分裂病者の精神病理学』みすず書房、一九八八年

5 木村敏『心の病理を考える』岩波新書、一九九四年

第7章

1 浦河べてるの家『べてるの家の「非」援助論』医学書院、二〇〇二年

2 木村敏『心の病理を考える』岩波新書、一九九四年

3 L・M・グティエーレス、R・J・パーソンズ、E・O・コックス編著（小松源助監訳）『ソーシャルワーク実践におけるエンパワーメント――その理論と実際の論考集』相川書房、二〇〇〇年

第8章

1 木村敏『心の病理を考える』岩波新書、一九九四年

2 岩田めぐみ「地に足のつかない〝ふわふわ〟の研究（べてるの家の当事者研究9）」、『こころの元気プラス』二巻一号、三〇―三三頁、二〇〇八年

3 向谷地生良、浦河べてるの家『安心して絶望できる人生』NHK出版、二〇〇六年

4 ハリー・スタック・サリヴァン（中井久夫他訳）『分裂病は人間的過程である』みすず書房、一九九五年

5 木村敏、今野哲男『臨床哲学の知――臨床としての精神病理学のために』洋泉社、一〇頁、二〇〇八年

終章

1 石川拓治『奇跡のリンゴ――「絶対不可能」を覆した農家 木村秋則の記録』幻冬舎、二〇〇八年

2 木村秋則『自然栽培ひとすじに』創森社、二〇〇七年

3 藤井千太他「抗精神病薬の処方についての国際比較研究――東アジアにおける向精神薬の国際協同処方調査」、『臨床精神医学』三二巻六号、二〇〇三年

4 木村敏『心の病理を考える』岩波新書、一九九四年

5 清水博『場の思想』東京大学出版会、二〇〇三年

6 エドムント・フッサール『ヨーロッパ諸学の危機と超越論的現象学』中公文庫、一九九五年

あとがき　〝かどわかし〟のべてる

この本の装丁と挿絵には、きっと驚かれた方もいるだろう。ゲラ刷りの校正をしていたとき、何気なく装丁に使われる予定の図柄をのぞき見たべてるのスタッフが「本当にこれを使うの？」と目を丸くしたことからもそれは容易に想像できる。伝わってくる感触は〝濃さ〟である。

いうまでもなく、装丁と挿絵のイメージは「江戸」である。ガリレオやニュートンに象徴されるように、西欧が科学文明を手に入れ近代化を推し進めながら産業革命を迎えるなかで、鎖国に守られた江戸の文化は科学文明の〝汚染〟から遮断され、独自の発展を遂げていた。その時代に花開いた歌舞伎、落語、浮世絵などの庶民文化は、「江戸しぐさ」という言葉に象徴される独特の生活上のわきまえや独自の身体観と合わせて、いま熱く注目されている。

科学文明の特徴を一言でいうならば、すべてを数字に置き換えて理解し、説明しようとすることである。主観を排除したところに成立する科学は、伝統的な価値観に束縛されずに、自由な立場で物事を判断する指標とされてきた。しかし、そこで私たちは大きな弊害も抱え込むことになる。

哲学者の中村雄二郎はそれを「近代科学が無視し、軽視し、果ては見えなくしてしまった〈現実〉あるいはリアリティー」（『臨床の知とは何か』岩波新書）と指摘し、「生命現象」と「関係の相互性、あるいは相手との交流」を喪失したと語っている。

科学的な成果を享受した現代人は、その裏側で人間としてもっとも大切な「生命感覚」と「人とのつながり」の両者を見失ってきたのである。統合失調症などの精神障害をめぐるテーマの核心も、生命感覚すなわち「人（自分）は死ぬ」という当たり前の現実感と、「人は一人では生きられない」というわきまえをいかに取り戻すかにあると私は考えている。

中村は、「近代科学が無視し、軽視し、果ては見えなくしてしまった〈現実〉」を捉えなおすために必要な原理として、「個別性」「多義性」「身体性をそなえた行為」の三つをあげている。

科学はすべてに共通した要素を抽出し、それを客観と称するのに対して、「個別性」とは人間一人ひとりはユニークで独自な存在であると知ることである。「多義性」とは、答えは一つではなく、一つの出来事が見方によってさまざまな意味をもつという可能性を受け入れることである。「身体性をそなえた行為」というのは、何事も身体で感じる経験というプロセスを経ることの重要性である。

私は、それらの要素が江戸文化のなかに脈々と息づいているように思う。科学文明が世界を侵食するなかで、日本という島国に「個別性」「多義性」「身体性をそなえた行為」を重んじる〝濃い〟文化が、花開いていたのである。

最近、べてるの活動を見守ってくださっている精神科医から、思わぬお褒めの言葉をいただいた。それは「べてるは、〝かどわかし〟がうまいよね」というものだった。

〝かどわかす〟というのは、文字どおり読めば「人をだます」という意味である。私は、なるほどと思った。その象徴が「幻覚&妄想大会」である。私は、幻聴をかかえて苦しむ統合失調症のメンバーが電話をかけてきたときには「ちょっと幻聴さんを電話に出してくれる?」とお願いすることもある。見る人によっては非科学的でオカルト的な光景である。しかし重要なのは，私が真剣に幻聴さんに話しかけると，「わかりました」と言って幻聴さんが帰ってくれることである。

当事者研究という営みも，私は見事な一つの〝かどわかし〟だと思っている。実は，統合失調症をもつ人たちは，幻覚や妄想という〝かどわかし〟の世界から抜け出ることに躊躇している人でもある。その背景には，「生命感覚」と「人とのつながり」という生々しい現実に降り立つことへの恐れがある。しかし，当事者研究のもつユーモア精神をまじえた遊びごころと，幻聴を「幻聴さん」と呼ぶような，〝かどわかし〟の世界のさらに上をいく〝かどわかし〟によって，メンバーは安心して現実に降り立つことが可能となるのである。

私は江戸文化にも，そんな一筋縄でいかない〝かどわかし〟の濃い匂いを感じるのである。この本の装丁には，そのような思いを託したつもりである。ぜひ，そのインパクトを十分に味わっていただきたい。

最後に，本書『技法以前』という企画を発案し，『精神看護』誌の連載にも辛抱強くおつきあいいただいた医学書院の白石正明さんと，これを書き上げるために協力をいただいたべてるの家のメンバーやスタッフ，さらにはべてるの家の激務の合間に，押し寄せるスケジュールと原稿依頼の催促を切り盛りしてくれた妻悦子に深く感謝したい。

二〇〇九年九月

向谷地生良

浦河《うらかわ》べてるの家

北海道浦河町にある精神障害等をかかえた当事者の地域活動拠点で、1984年に設立された。社会福祉法人「浦河べてるの家」(多機能型の就労・生活サポートセンター、共同住居とグループホーム15か所を運営)、有限会社「福祉ショップべてる」などの活動の総体である。

当事者の社会参加を支える充実した支援プログラム、投薬の量が全国平均の3分の1、病床数の削減など、先進的な取り組みがなされており、世界中から毎年3500人以上の研究者・見学者が訪れる。厚生労働省などによる「日本の精神保健におけるベストプラクティス」にも選ばれた。

「幻覚&妄想大会」などユニークな企画が行われ、近年その実践は、精神保健福祉分野を超えて哲学、社会学等々幅広い領域から注目を集めている。

著作に『べてるの家の「非」援助論』、『べてるの家の「当事者研究」』、『退院支援、べてる式。』(以上、医学書院)など多数ある。

著者紹介

向谷地生良(むかいやち・いくよし)
1955年、青森県十和田市に生まれる。1974年に北星学園大学社会福祉学科入学。特養ホームに住み込んだり、難病患者や脳性麻痺の障害をもった当事者たちとかかわる。卒業後、浦河赤十字病院でソーシャルワーカーとして勤務。当事者と教会の一室に住み込み、1984年に彼らとともに「べてるの家」を設立。
主な著書に、『増補改訂「べてるの家」から吹く風』(いのちのことば社)、『安心して絶望できる人生』(NHK出版、共著)、『統合失調症を持つ人への援助論』(金剛出版)、『ゆるゆるスローなべてるの家』(大月書店、共著)、『べてるな人々 第1〜5集』(一麦出版社)などがある。

シリーズ
ケアをひらく

技法以前——べてるの家のつくりかた

発行————2009年11月1日 第1版第1刷©
2022年4月15日 第1版第7刷

著者————向谷地生良

発行者————株式会社 医学書院
代表取締役 金原 俊
〒113-8719 東京都文京区本郷1-28-23
電話03-3817-5600（社内案内）

本文イラスト—大須賀友一

カバー千代紙—いせ辰

装幀————松田行正＋相馬敬徳

印刷・製本——アイワード

ISBN978-4-260-00954-6

技法以前
テキストデータ引換券

●本書のテキストデータを提供します。

視覚障害、読字障害、上肢障害などの理由で本書をお読みになれない方には、電子データを提供いたします。

・200円切手
・返信用封筒（住所明記）
・左のテキストデータ引換券（コピー不可）を同封のうえ、下記までお申し込みください。

［宛先］
〒113-8719 東京都文京区本郷1-28-23
医学書院看護出版部 テキストデータ係

シリーズ ケアをひらく ❶

第73回

毎日出版文化賞受賞!

[企画部門]

ケア学：越境するケアへ●広井良典●2300円●ケアの多様性を一望する———どの学問分野の窓から見ても、〈ケア〉の姿はいつもそのフレームをはみ出している。医学・看護学・社会福祉学・哲学・宗教学・経済・制度等々のタテワリ性をとことん排して〝越境〟しよう。その跳躍力なしにケアの豊かさはとらえられない。刺激に満ちた論考は、時代を境界線引きからクロスオーバーへと導く。

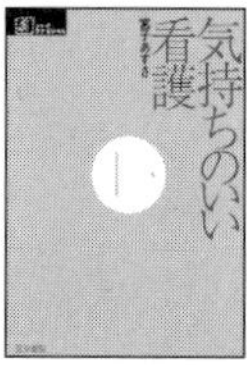

気持ちのいい看護●宮子あずさ●2100円●患者さんが気持ちいいと、看護師も気持ちいい、か?———「これまであえて避けてきた部分に踏み込んで、看護について言語化したい」という著者の意欲作。〈看護を語る〉ブームへの違和感を語り、看護師はなぜ尊大に見えるのかを考察し、専門性志向の底の浅さに思いをめぐらす。夜勤明けの頭で考えた「アケのケア論」!

感情と看護：人とのかかわりを職業とすることの意味●武井麻子●2400円●看護師はなぜ疲れるのか———「巻き込まれずに共感せよ」「怒ってはいけない!」「うんざりするな!!」。看護はなにより感情労働だ。どう感じるべきかが強制され、やがて自分の気持ちさえ見えなくなってくる。隠され、貶められ、ないものとされてきた〈感情〉をキーワードに、「看護とは何か」を縦横に論じた記念碑的論考。

あなたの知らない「家族」：遺された者の口からこぼれ落ちる13の物語●柳原清子●2000円●それはケアだろうか———幼子を亡くした親、夫を亡くした妻、母親を亡くした少女たちは、佇む看護師の前で、やがて「その人」のことを語りはじめる。ためらいがちな口と、傾けられた耳によって紡ぎだされた物語は、語る人を語り、聴く人を語り、誰も知らない家族を語る。

病んだ家族、散乱した室内：援助者にとっての不全感と困惑について●春日武彦●2200円●善意だけでは通用しない——— 一筋縄ではいかない家族の前で、われわれ援助者は何を頼りに仕事をすればいいのか。罪悪感や無力感にとらわれないためには、どんな「覚悟とテクニック」が必要なのか。空疎な建前論や偽善めいた原則論の一切を排し、「ああ、そうだったのか」と腑に落ちる発想に満ちた話題の書。

本シリーズでは、「科学性」「専門性」「主体性」といったことばだけでは語りきれない地点から《ケア》の世界を探ります。

べてるの家の「非」援助論：そのままでいいと思えるための25章●浦河べてるの家●2000円●それで順調！———「幻覚＆妄想大会」「偏見・差別歓迎集会」という珍妙なイベント。「諦めが肝心」「安心してサボれる会社づくり」という脱力系キャッチフレーズ群。それでいて年商1億円、年間見学者2000人。医療福祉領域を超えて圧倒的な注目を浴びる〈べてるの家〉の、右肩下がりの援助論！

物語としてのケア：ナラティヴ・アプローチの世界へ●野口裕二●2200円●「ナラティヴ」の時代へ———「語り」「物語」を意味するナラティヴ。人文科学領域で衝撃を与えつづけているこの言葉は、ついに臨床の風景さえ一変させた。「精神論 vs. 技術論」「主観主義 vs. 客観主義」「ケア vs. キュア」という二項対立の呪縛を超えて、臨床の物語論的転回はどこまで行くのか。

見えないものと見えるもの：社交とアシストの障害学●石川准● 2000円●だから障害学はおもしろい———自由と配慮がなければ生きられない。社交とアシストがなければつながらない。社会学者にしてプログラマ、全知にして全盲、強気にして気弱、感情的な合理主義者……“いつも二つある”著者が冷静と情熱のあいだで書き下ろした、つながるための障害学。

死と身体：コミュニケーションの磁場●内田 樹● 2000円●人間は、死んだ者とも語り合うことができる———〈ことば〉の通じない世界にある「死」と「身体」こそが、人をコミュニケーションへと駆り立てる。なんという腑に落ちる逆説！「誰もが感じていて、誰も言わなかったことを、誰にでもわかるように語る」著者の、教科書には絶対に出ていないコミュニケーション論。読んだ後、猫にもあいさつしたくなります。

ALS 不動の身体と息する機械●立岩真也● 2800円●それでも生きたほうがよい、となぜ言えるのか———ALS当事者の語りを渉猟し、「生きろと言えない生命倫理」の浅薄さを徹底的に暴き出す。人工呼吸器と人がいれば生きることができると言う本。「質のわるい生」に代わるべきは「質のよい生」であって「美しい死」ではない、という当たり前のことに気づく本。

❸

べてるの家の「当事者研究」●浦河べてるの家●2000円●研究？ ワクワクするなあ———べてるの家で「研究」がはじまった。心の中を見つめたり、反省したり……なんてやつじゃない。どうにもならない自分を、他人事のように考えてみる。仲間と一緒に笑いながら眺めてみる。やればやるほど元気になってくる、不思議な研究。合い言葉は「自分自身で、共に」。そして「無反省でいこう！」

ケアってなんだろう●小澤勲編著●2000円●「技術としてのやさしさ」を探る七人との対話———「ケアの境界」にいる専門家、作家、若手研究者らが、精神科医・小澤勲氏に「ケアってなんだ？」と迫り聴く。「ほんのいっときでも憩える椅子を差し出す」のがケアだと言い切れる人の《強さとやさしさ》はどこから来るのか———。感情労働が知的労働に変換されるスリリングな一瞬！

こんなとき私はどうしてきたか●中井久夫●2000円●「希望を失わない」とはどういうことか———はじめて患者さんと出会ったとき、暴力をふるわれそうになったとき、退院が近づいてきたとき、私はどんな言葉をかけ、どう振る舞ってきたか。当代きっての臨床家であり達意の文章家として知られる著者渾身の一冊。ここまで具体的で美しいアドバイスが、かつてあっただろうか。

発達障害当事者研究：ゆっくりていねいにつながりたい●綾屋紗月＋熊谷晋一郎●2000円●あふれる刺激、ほどける私———なぜ空腹がわからないのか、なぜ看板が話しかけてくるのか。外部からは「感覚過敏」「こだわりが強い」としか見えない発達障害の世界を、アスペルガー症候群当事者が、脳性まひの共著者と探る。「過剰」の苦しみは身体に来ることを発見した画期的研究！

ニーズ中心の福祉社会へ：当事者主権の次世代福祉戦略●上野千鶴子＋中西正司編●2200円●社会改革のためのデザイン！ ビジョン!! アクション!!!———「こうあってほしい」という構想力をもったとき、人はニーズを知り、当事者になる。「当事者ニーズ」をキーワードに、研究者とアクティビストたちが「ニーズ中心の福祉社会」への具体的シナリオを提示する。

コーダの世界：手話の文化と声の文化●澁谷智子● 2000円●生まれながらのバイリンガル？———コーダとは聞こえない親をもつ聞こえる子どもたち。「ろう文化」と「聴文化」のハイブリッドである彼らの日常は驚きに満ちている。親が振り向いてから泣く赤ちゃん？ じっと見つめすぎて誤解される若い女性？ 手話が「言語」であり「文化」であると心から納得できる刮目のコミュニケーション論。

技法以前：べてるの家のつくりかた●向谷地生良● 2000円●私は何をしてこなかったか———「幻覚&妄想大会」をはじめとする掟破りのイベントはどんな思考回路から生まれたのか？ べてるの家のような〝場〟をつくるには、専門家はどう振る舞えばよいのか？ 「当事者の時代」に専門家にできることを明らかにした、かつてない実践的「非」援助論。べてるの家スタッフ用「虎の巻」、大公開！

逝かない身体：ALS的日常を生きる●川口有美子● 2000円●即物的に、植物的に —— 言葉と動きを封じられたALS患者の意思は、身体から探るしかない。ロックトイン・シンドロームを経て亡くなった著者の母を支えたのは、「同情より人工呼吸器」「傾聴より身体の微調整」という究極の身体ケアだった。重力に抗して生き続けた母の「植物的な生」を身体ごと肯定した圧倒的記録。

第41回大宅壮一ノンフィクション賞受賞作

リハビリの夜●熊谷晋一郎● 2000円●痛いのは困る——現役の小児科医にして脳性まひ当事者である著者は、《他者》や《モノ》との身体接触をたよりに、「官能的」にみずからの運動をつくりあげてきた。少年期のリハビリキャンプにおける過酷で耽美な体験、初めて電動車いすに乗ったときの時間と空間が立ち上がるめくるめく感覚などを、全身全霊で語り尽くした驚愕の書。

第9回新潮ドキュメント賞受賞作

その後の不自由●上岡陽江＋大嶋栄子● 2000円●〝ちょっと寂しい〟がちょうどいい——トラウマティックな事件があった後も、専門家がやって来て去っていった後も、当事者たちの生は続く。しかし彼らはなぜ「日常」そのものにつまずいてしまうのか。なぜ援助者を振り回してしまうのか。そんな「不思議な人たち」の生態を、薬物依存の当事者が身を削って書き記した当事者研究の最前線！

第 2 回日本医学
ジャーナリスト協会賞
受賞作

驚きの介護民俗学●六車由実●2000 円●語りの森へ——気鋭の民俗学者は、あるとき大学をやめ、老人ホームで働きはじめる。そこで流しのバイオリン弾き、蚕の鑑別嬢、郵便局の電話交換手ら、「忘れられた日本人」たちの語りに身を委ねていると、やがて新しい世界が開けてきた……。「事実を聞く」という行為がなぜ人を力づけるのか。聞き書きの圧倒的な可能性を活写し、高齢者ケアを革新する。

ソローニュの森●田村尚子●2600 円●ケアの感触、曖昧な日常——思想家ガタリが終生関ったことで知られるラ・ボルド精神病院。一人の日本人女性の震える眼が掬い取ったのは、「フランスのべてるの家」ともいうべき、患者とスタッフの間を流れる緩やかな時間だった。ルポやドキュメンタリーとは一線を画した、ページをめくるたびに深呼吸ができる写真とエッセイ。B5 変型版。

弱いロボット●岡田美智男●2000 円●とりあえずの一歩を支えるために——挨拶をしたり、おしゃべりをしたり、散歩をしたり。そんな「なにげない行為」ができるロボットは作れるか？　この難題に著者は、ちょっと無責任で他力本願なロボットを提案する。日常生活動作を規定している「賭けと受け」の関係を明るみに出し、ケアをすることの意味を深いところで肯定してくれる異色作！

当事者研究の研究●石原孝二編●2000 円●で、当事者研究って何だ?——専門職・研究者の間でも一般名称として使われるようになってきた当事者研究。それは、客観性を装った「科学研究」とも違うし、切々たる「自分語り」とも違うし、勇ましい「運動」とも違う。本書は哲学や教育学、あるいは科学論と交差させながら、“自分の問題を他人事のように扱う”当事者研究の圧倒的な感染力の秘密を探る。

摘便とお花見：看護の語りの現象学●村上靖彦●2000 円●とるにたらない日常を、看護師はなぜ目に焼き付けようとするのか——看護という「人間の可能性の限界」を拡張する営みに吸い寄せられた気鋭の現象学者は、共感あふれるインタビューと冷徹な分析によって、その不思議な時間構造をあぶり出した。巻末には圧倒的なインタビュー論を付す。看護行為の言語化に資する驚愕の一冊。

坂口恭平躁鬱日記●坂口恭平●1800円●僕は治ることを諦めて、「坂口恭平」を操縦することにした。家族とともに。──マスコミを席巻するきらびやかな才能の奔出は、「躁」のなせる業でもある。「鬱」期には強固な自殺願望に苛まれ外出もおぼつかない。この病に悩まされてきた著者は、あるとき「治療から操縦へ」という方針に転換した。その成果やいかに！　涙と笑いと感動の当事者研究。

カウンセラーは何を見ているか●信田さよ子●2000円●傾聴？ ふっ。──「聞く力」はもちろん大切。しかしプロなら、あたかも素人のように好奇心を全開にして、相手を見る。そうでなければ〈強制〉と〈自己選択〉を両立させることはできない。若き日の精神科病院体験を経て、開業カウンセラーの第一人者になった著者が、「見て、聞いて、引き受けて、踏み込む」ノウハウを一挙公開！

クレイジー・イン・ジャパン：べてるの家のエスノグラフィ●中村かれん●2200円●日本の端の、世界の真ん中。──インドネシアで生まれ、オーストラリアで育ち、イェール大学で教える医療人類学者が、べてるの家に辿り着いた。7か月以上にも及ぶ住み込み。10年近くにわたって断続的に行われたフィールドワーク。べてるの「感動」と「変貌」を、かつてない文脈で発見した傑作エスノグラフィ。付録DVD「Bethel」は必見の名作！

漢方水先案内：医学の東へ●津田篤太郎●2000円●漢方ならなんとかなるんじゃないか？── 原因がはっきりせず成果もあがらない「ベタなぎ漂流」に追い込まれたらどうするか。病気に対抗する生体のパターンは決まっているならば、「生体をアシスト」という方法があるじゃないか！　万策尽きた最先端の臨床医がたどり着いたのは、キュアとケアの合流地点だった。それが漢方。

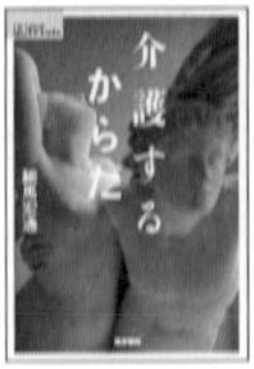

介護するからだ●細馬宏通●2000円●あの人はなぜ「できる」のか？── 目利きで知られる人間行動学者が、ベテランワーカーの神対応をビデオで分析してみると……、そこには言語以前に〝かしこい身体〟があった！　ケアの現場が、ありえないほど複雑な相互作用の場であることが分かる「驚き」と「発見」の書。マニュアルがなぜ現場で役に立たないのか、そしてどうすればうまく行くのかがよーく分かります。

第 16 回小林秀雄賞
受賞作
紀伊國屋じんぶん大賞
2018 受賞作

中動態の世界：意志と責任の考古学●國分功一郎●2000 円●「する」と「される」の外側へ――強制はないが自発的でもなく、自発的ではないが同意している。こうした事態はなぜ言葉にしにくいのか？ なぜそれが「曖昧」にしか感じられないのか？ 語る言葉がないからか？ それ以前に、私たちの思考を条件付けている「文法」の問題なのか？ ケア論にかつてないパースペクティヴを切り開く画期的論考！

どもる体●伊藤亜紗●2000 円●しゃべれるほうが、変。――話そうとすると最初の言葉を繰り返してしまう（＝連発という名のバグ）。それを避けようとすると言葉自体が出なくなる（＝難発という名のフリーズ）。吃音とは、言葉が肉体に拒否されている状態だ。しかし、なぜ歌っているときにはどもらないのか？ 徹底した観察とインタビューで吃音という「謎」に迫った、誰も見たことのない身体論！

異なり記念日●齋藤陽道●2000 円●手と目で「看る」とはどういうことか――「聞こえる家族」に生まれたろう者の僕と、「ろう家族」に生まれたろう者の妻。ふたりの間に、聞こえる子どもがやってきた。身体と文化を異にする 3 人は、言葉の前にまなざしを交わし、慰めの前に手触りを送る。見る、聞く、話す、触れることの〈歓び〉とともに。ケアが発生する現場からの感動的な実況報告。

在宅無限大：訪問看護師がみた生と死●村上靖彦●2000 円●「普通に死ぬ」を再発明する――病院によって大きく変えられた「死」は、いま再びその姿を変えている。先端医療が組み込まれた「家」という未曾有の環境のなかで、訪問看護師たちが地道に「再発明」したものなのだ。著者は並外れた知的肺活量で、訪問看護師の語りを生け捕りにし、看護が本来持っているポテンシャルを言語化する。

第 19 回大佛次郎論壇賞
受賞作
紀伊國屋じんぶん大賞
2020 受賞作

居るのはつらいよ：ケアとセラピーについての覚書●東畑開人●2000 円●「ただ居るだけ」vs.「それでいいのか」――京大出の心理学ハカセは悪戦苦闘の職探しの末、沖縄の精神科デイケア施設に職を得た。しかし勇躍飛び込んだそこは、あらゆる価値が反転する「ふしぎの国」だった。ケアとセラピーの価値について究極まで考え抜かれた、涙あり笑いあり出血（！）ありの大感動スペクタル学術書！

誤作動する脳●樋口直美● 2000円●「時間という一本のロープにたくさんの写真がぶら下がっている。それをたぐり寄せて思い出をつかもうとしても、私にはそのロープがない」——ケアの拠り所となるのは、体験した世界を正確に表現したこうした言葉ではないだろうか。「レビー小体型認知症」と診断された女性が、幻視、幻臭、幻聴など五感の変調を抱えながら達成した圧倒的な当事者研究!

「脳コワさん」支援ガイド●鈴木大介●2000円●脳がコワれたら、「困りごと」はみな同じ。——会話がうまくできない、雑踏が歩けない、突然キレる、すぐに疲れる……。病名や受傷経緯は違っていても結局みんな「脳の情報処理」で苦しんでいる。だから脳を「楽」にすることが日常を取り戻す第一歩だ。疾患を超えた「困りごと」に着目する当事者学が花開く、読んで納得の超実践的ガイド!

第9回日本医学ジャーナリスト協会賞受賞作

食べることと出すこと●頭木弘樹● 2000円●食べて出せればOKだ!(けど、それが難しい……。)——潰瘍性大腸炎という難病に襲われた著者は、食事と排泄という「当たり前」が当たり前でなくなった。IVHでも癒やせない顎や舌の飢餓感とは? 便の海に茫然と立っているときに、看護師から雑巾を手渡されたときの気分は? 切実さの狭間に漂う不思議なユーモアが、何が「ケア」なのかを教えてくれる。

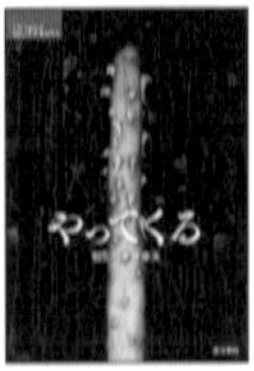

やってくる●郡司ペギオ幸夫● 2000円●「日常」というアメイジング!——私たちの「現実」は、外部からやってくるものによってギリギリ実現されている。だから日々の生活は、何かを為すためのスタート地点ではない。それこそが奇跡的な達成であり、体を張って実現すべきものなんだ! ケアという「小さき行為」の奥底に眠る過激な思想を、素手で取り出してみせる圧倒的な知性。

みんな水の中●横道 誠● 2000円●脳の多様性とはこのことか!——ASD(自閉スペクトラム症)とADHD(注意欠如・多動症)と診断された大学教員は、彼を取り囲む世界の不思議を語りはじめた。何もかもがゆらめき、ぼんやりとしか聞こえない水の中で、〈地獄行きのタイムマシン〉に乗せられる。そんな彼を救ってくれたのは文学と芸術、そして仲間だった。赤裸々、かつちょっと乗り切れないユーモアの日々。